進化する品質経営

事業の持続的成功を目指して

飯塚悦功　金子雅明　住本守　山上裕司　丸山昇　著

日科技連

まえがき

　私たちは日本そして日本人が好きである．「品質立国日本」の盛衰を分析し，1980年代に世界の注目を集める国になれた理由を考察し，ますます好きになった．その日本の相対的地位が落ちている．バブル経済崩壊後，日本の経済は低迷を続け，失われた10年のはずが失われた20年になった．長く暗いトンネルから脱出できるとの光明が見えかけたとたんにリーマンショック，東日本大震災，超円高，国家財政破綻寸前とたたみかけるような試練が続き，そして今アベノミクス効果に期待を抱く．

　日本は戦後，アメリカから学んだ品質管理の科学性に，経営・管理における人間的側面への考慮を加え，高度経済成長を謳歌し，品質立国日本と称賛された．時代は移り，経済・社会の成熟に伴い，経営すなわち顧客・社会への価値提供のスタイルに変革が求められている．

　本書では，顧客価値提供において，どのような経営環境の変化にも的確に対応し，顧客からの高い評価を受け続けることによって財務的にも持続的に成功するような経営スタイルの重要性を訴える．また，持続的成功を具現化する品質マネジメントシステムの設計，構築，運営，改善について，㈱テクノファに組織されている「超ISO企業研究会」のメンバーが行ってきた実践的研究も紹介する．

　本書はまた，2005年発行のJIS Q 9005とJIS Q 9006の改正版として，2014年9月に発行予定の「JIS Q 9005 品質マネジメントシステム－持続的成功の指針」の内容を基盤としており，この規格を側面から解説する．

　本書で訴えたかったこと，それは，品質に対する求心力の低下した日本の産業界に対して新たな品質経営のモデルを提示するとともに，現代の成熟経済社会にふさわしい経営に取り組むことの重要性である．ゴツゴツした成熟度の低いものかもしれないが，その心意気は感じてほしいと願う．

まえがき

　本書は4章構成とした．第1章では，イントロとして，具体例をあげて，「価値」，「事業構造」，「能力」，「システム化」，「変化」という5つの重要概念を解説する．第2章では「真・品質経営による持続的成功」と題して，本書が提示する基本概念を説明する．第3章は，私たちが推奨する，そしてそれはJIS Q 9005のモデルともなっている品質マネジメントシステムを紹介する．そして第4章において，私たちが「真・品質経営」と呼びたい経営スタイルについて，事例を通して理解を深める．

　本書は，上述した「超ISO企業研究会」のメンバーのうちの5名が分担して執筆した．以下に執筆分担を示す．

第1章	1.1節	山上	第3章		住本
	1.2節	住本	第4章	4.1節	金子
	1.3節	飯塚		4.2節	丸山
	1.4節	丸山		4.3節	金子
	1.5節	金子		4.4節	金子
第2章		飯塚			

　他の研究会メンバーには企画段階から幾度となく相談に乗っていただき，有益なコメントをいただいた．原稿がそろった段階で，飯塚・金子の2名がレビューし，必要に応じて手を入れた．日科技連出版社の戸羽節文取締役には，本書の企画段階からお世話になり，執筆中も暖かく便宜を図っていただいた．木村修氏には，編集担当としてそれこそ筆舌に尽くしがたいほどのご迷惑をおかけし，また多大な支援をいただいた．この場を借りて深くお詫び申し上げるとともに，厚く御礼申し上げたい．

　日本はいまだ経済的に大変な難局にあり，さまざまな施策が必要である．その一つは，わが国の多くの中小・中堅企業が，自らのコアコンピタンスを認識して，競争力のある，世界に通用する強い企業になることだと信ずる．本書がこのことに少しでも寄与できれば，それは望外の喜びである．

2014年春

飯塚悦功・金子雅明

進化する品質経営
事業の持続的成功を目指して

目　次

まえがき………iii

第1章
事業を再考する………1
1.1　価値とは……… 1
1.2　事業構造とは………16
1.3　能力とは………29
1.4　システム化とは………50
1.5　変化とは………71

第2章
真・品質経営による持続的成功………85
2.1　今，時代は………85
2.2　競争優位のための品質経営………91
2.3　持続的成功………96
2.4　今あらためて事業について考える………102
2.5　品質経営の再認識………106

第3章

持続的成功を実現する
品質マネジメントシステムの概念モデル………111

- 3.1　QMS概念モデルの全体像………111
- 3.2　QMSの外部要因………113
- 3.3　QMSの構成要素………116
- 3.4　QMSのアウトプット………131
- 3.5　持続的成功のためのQMSモデル………132

第4章

事例に見る真・品質経営の実像………133

- 4.1　試行(思考)する………133
- 4.2　本格的に適用する………145
- 4.3　優良事例を読み解く………165
- 4.4　真・品質経営のためのQMS設計へ………199

参考文献………205

索引………207

装丁・本文デザイン＝さおとめの事務所

本文イラスト＝山上玲奈

第1章

事業を再考する

　わが国は，1960年代以降四半世紀にわたり工業製品の大衆化による高度経済成長期を謳歌した．その後1980年代後半以降は，500兆円レベルのGDPを安定的に続け，成熟経済社会期のまっただ中にある．

　本書が提唱したいこと，それはかつての高度成長期に経営ツールとして有効であった品質管理・総合的品質管理（TQC／TQM）が，その本質を変えることなく現代の成熟経済社会期の経営においても有効であるということである．

　しかし，時代が大きく変化したのだから，そのままで有効であるはずがない．品質の意味や範囲，その実現のための方法に，TQC／TQMの基本を踏まえつつも新たな概念と方法の注入が必要である．

　本章では，本書が提唱する「進化する品質経営」において重要となる考え方である，「価値」，「事業構造」，「能力」，「システム化」，「変化」の5つについて，それぞれ具体な例を取り上げて説明する．

1.1　価値とは

1.1.1　高級パンが売れない理由

　ここに，40歳くらいの女性Ｓさんがいる．大変な頑張り屋である．子どものときからパン屋を開きたかった．結婚はしているが，働いたお金をコツコツためながら，夢の実現に向かって努力してきた．

　パン屋を開業するからには，おいしいパンを焼く技術が必要だ．だから，熱心にパン教室に通い，しっかりと技術を学び，ご主人や実家の援助を経て，小さなパン屋を開業する目算が立った．

　場所は，今暮らしている，中規模の地方都市の郊外である．そこは，ここ10年ほどで開発された住宅街で，マンションが建ち並ぶ閑静なとてもよい雰囲気の街並みの住宅街である．

第1章　事業を再考する

　どんなパン屋にするか．Ｓさんは考えた末に，昔から好きだったハード系といわれる高級パンをメインにすることにした．
「ここなら他の店とも距離があるから価格競争にはならない．また，若い人たちが多いからおいしいパンは絶対評価されるはずだ」
と考えたからである．そのため，パンを焼く釜にも相応の投資をした．パン生地は無添加低温発酵とし，そのかわり値段は少し高めにした．試食会も繰り返し開催し，「おいしいね，これなら大丈夫」という友人からの嬉しい言葉もあった．品質には自信があった．

　開店に備えてチラシも自分で作り，近隣のマンションに自分で配布した．郊外なので，車で来店される方のためにも駐車場を２台分用意した．そして，いよいよ，Ｓさんが夢にまで見てきた「伝説のパン屋さん」となる，その日がやってきた．

　開店初日，とても多くのお客様が来店した．接客に慣れず多少待たせてしまうこともあったが，無事一日が終わり，売上は10万円を超えた．「大丈夫，やっていける」とＳさんは確信した．

　２日目，やはり多くのお客様が来店したが，初日ほどではなかった．売上は５万円台だった．しかし，高級パンの売れ残りが出た．

　そして３日目，お客様の数は一気に減ってしまった．売上は２万円台．４日目，売上は１万円台となり，多くのパンを廃棄せざるを得ない状況に追い込まれてしまった．

Ｓさんは，頭を抱えてしまった．一体何がどうなっているのか．

５日目以後も，状況は変わらなかった．しかし，商品は作らなければならない．一生懸命，心をこめてパンを焼いたが，結局売れ残ってしまう．このままでは，１カ月もたないまま，閉店しなければならない状況に追い込まれてしまう．

そんなＳさんを気づかい，友人のＥさんがボランティアでレジに立っていた．お客様は，まばらだが，決して売上はゼロにはならなかった．なぜか１〜２万円はコンスタントにあった．そこでＥさんは，ヒマにまかせて，どんな人がお客様として来店されているのか，こっそりメモを取り始めた．すると，あることに気がついた．

「お客様は女性，夕方に多い，そして小さな子ども連れが多い」

お店でのお客様の動きもさりげなく観察していると，若い母親であるそのお客様は，来店後は陳列棚をさらっと見渡し，どんなパンがあるのか確認していた．高級パンも見るのだが，あまりそれには興味がないようだった．小さな子どもたちは，高級パンの合間に作られていたメロンパンや動物パンに興味津々である．その母親は，メロンパンを１つ買い，子どもの願いを叶えた．そして，単価の安いお手軽な調理済みのサンドイッチ，ピザパン，お惣菜パンなどをいくつか買って帰った．そんなお客様がそれなりの人数，毎日来店しているのだった．

Ｅさんは，次の日も，その次の日も観察を続けた．繰り返し，同じパターンだった．何か確信めいたものを感じたＥさんは，ある日，そんな子ども連れのお客様の一人に，話しかけてみた．「かわいいですね，何歳ですか？」

すると，思いのほか会話が弾んだ．そして，この母親は，この店の近所にある保育園に子どもを預けていることがわかった．

「そうか，新興住宅地だから当たり前か……」

Ｅさんはつぶやいた．インターネットでこの辺りの地図を見ると，近くに他の保育所もあった．

「このパン屋さんのお客様って，一体誰のつもりだったの？」

Ｅさんは，Ｓさんにストレートに聞いてみた．すると，返ってきた言葉

は「ハード系の高級なおいしいパンを心から愛している人たち」ということだった．その答えに呆気にとられたＥさんは，思わずいった．「それって，一体，どこの，誰なの？」

　Ｓさんにも，わからなかった．

　そこで，来店されたお客様一人ひとりとしっかりと話をし，一体どういう人たちが，どういう理由で，この店に来てくださるのかを理解する必要がある，ということになった．すると，そんなお客様との会話から，次のようなことがわかってきた．

- 共働き，子どもがまだ小さい母親が，子どもと一緒に来店している
- 夕方，仕事帰りに子どもを迎えに行くついでに来店している
- 年齢は20～30代
- 実家の援助を受けながら，マンションを購入している方が多い

　ここで，ＳさんとＥさんは考えた．郊外とはいえ，マンションは安いものではない．だから，共働きをしているはずだ．そして，共働きをしているからには，子どもをどこかに預けないといけない．そこで，保育所が出てくる．そして，共働きで保育所の送り迎えをする必要がある母親に，一番足りないものは一体何か．

　「それは，時間でしょう」ということになった．また，マンションのローンも，決して安いわけではないこともなんとなく予想がついた．高価なパンは，自然と敬遠されてしまう．なぜ，この店に，子ども連れの母親がコンスタントに来店するのか，その理由が少しずつ見えてきた．

　でも，このパン屋の500m圏内には，大規模小売店がある．そこにもパン屋はある．そこで，思い切って，あるお客様に聞いてみた．

　「あのパン屋さんもおいしいですよね」

　すると，返ってきた言葉は，次のとおりだった．「そうですよね．でも，ウチの子どもは落ち着きがないから，お店が広いと，もう大変」

　この言葉は，おいしいパンがあればどこへでも行くというＳさんには，目からウロコが落ちる思いだった．パン屋を，パンで選んでいない人がいるのだ．

　ここでようやく，ＳさんとＥさんはある一つのことを確信するに至っ

た．この母親たちは，パンがまずければ，もうこの店にはこないだろう．しかし，このお店を選ぶ根拠として買っている「モノ」は，実は，ただの「おいしいパン」ではなかった．買っているモノは，「家事，買い物の手間を省き，子育てを楽にすることができるパン」だったのだ．

　小さな子どもがいて仕事と家事を担うためには，時間がかからず面倒でないことがとても重要なのだ．また，ローンの支払いを考えると，食費を切り詰める必要があるのだ．その上，おいしければいうことはない．

　考えてみれば，ハード系のパンは，実に面倒である．一斤や半斤で売られているので，パン切りナイフで，自分で切り分け，トーストし，チーズやハム，野菜をサンドして食べる必要がある．そんなことは，共働きの子育てママには向かないことだったのだ．

　そこで，SさんとEさんは，方針を転換した．いっそのこと，そんな子育てママのために，どれだけ手間を省くことに貢献できるか考えてみようということになった．そこで考えたことは，次のとおりである．

- 次の日のお弁当にもできるような，「お惣菜パン」を増やしてみる
- 子どものおやつに向く，小さめの動物キャラクターの「おやつパン」を増やしてみる
- 注文する手間を省くために，サンドイッチや惣菜パンを「セット」で売ってみる
- 「パック飲料」も合わせて提供してみる

　そして，Sさんがこだわったハード系は少しお休みにすることにした．それから1週間，結果は歴然としていた．1万円程度の売上が次第にコンスタントに3〜4万円，ついには5万円を超え，連日「完売」となったのである．

　Sさんは，この2カ月間のことを振り返っていた．考えてみれば，自分は，「自分の夢」だけを追いかけていた．夢を追いかけることは悪いことではない．でも，このパン屋に必要なのは，まずは「お客様」だった．そして，お客様は，ここで売っている「パン」そのものを買っているわけではない．このパンがお客様に与えている「手間を省く，家事，子育てを楽にする」ことのために，ここでパンを買っている．それが，「他のパン屋

より選ばれる」ことにつながる……．

　お客様は，商品が提供する価値，すなわち便益，メリット，うれしさ，感動を買っているのだ．そして，そんなパンを自分が提供できていること，そのパンを嬉しそうに食べている子どもの笑顔や，母親のほっとした表情を見るにつけ，自分も心から嬉しい気持ちが湧いてきているのだった．

　Sさんは，もう1つ気がついた．最初の1カ月，自分の夢を実現したかのように見えたときは，実は大変不安だったのだ．「これでよいのだろうか」，「これでおいしいのだろうか」，「うまく焼けているのだろうか」と．そして，自分の予想が外れ，売上が立たないときは，真っ暗闇の中にいた．

　しかし，今は，お客様が誰で，どんな人たちであり，だからこそ何を求めているのかが，少しずつわかるように感じている．何となく「お客様と対話」ができているような感覚がある．顧客の像がはっきりし，提供すべき価値が見えてきた．すると，このパン屋の事業のシナリオが自然と形作られていくことを感じていた．

　Sさんは，ここにきて，ようやくパン屋を開店できたように感じている．そして，いつかは，伝説のパン屋さんになる夢をさらに強くしているのだった．

1.1.2　お客様は何を求めていたか

　実は，前項のストーリーはフィクションではなく実話である．私たちは，この話から何を学べばよいのだろうか．Sさんは何を学んだのだろうか．実は，Sさんは以下について，認識と行動を大きく変えることができたのである．

① 顧客像
② 提供しているモノ
③ 成功
④ 事業シナリオ

(1) 顧客像

　当初Sさんが抱いていた顧客像は「ハード系のパンが好きな方」であった．この表現でねらいにしているお客様のイメージはそれなりに明確になっているが，Sさんが具体的なアクションを起こすことはきわめて困難であった．

　「ハード系のパンが好きな方」というイメージだけでは，どこにそのような顧客がいるかわからない．どうアクセスすればよいかもわからず，そのような顧客がどのような購買行動をとるのかもわからない．したがって，ただ，そのようなお客様が来てくださることを待ち望むだけになってしまう．

　しかし，目の前にいらっしゃる実際のお客様を，まず「顧客」と捉え，よく観察し，その顧客が置かれている状況を具体的に理解し洞察することにより，Sさんは顧客をどのように捉えるべきかを理解できるようになった．

　すなわち，「このお客様は，なぜここで買っているのだろうか」と，常に自分に問いかけ続けることが重要であるとわかったのだ．その理由がわかることにより，どのような価値を提供すればよいかが見えてくるのだ．

(2) 提供しているモノ

　Sさんは，パンの品質に自信を持っていた．試食会において何の問題もなかった．むしろ「おいしい」という前評判だった．パンのでき映え，おいしさ，新鮮さといった，パンという商品の品質には問題はなかったが，それが顧客から選ばれる理由にはならなかった．

　私たちは，商品を通じて提供される便益，メリット，あるいは感動を主たる要素として商品を選んでいるのである．すなわち「価値」である．そして，その中で顧客が実際に感じた価値を「顧客価値」と呼ぶ．

　実際，このパン屋の500 m先には大規模なスーパーがある．そこには，このパン屋より，はるかに大きく，商品の種類が豊富なパン屋がある．そこでは，お客様が自分で自由にパンを選び，トレイに載せて買うことができる．

しかし，小さな子どもを連れている母親は大規模スーパー内のパン屋へは行かない．駐車場や店舗が巨大で，買い物用のカートを押しながら，子どもの手を引き，買い物をすることは，想像以上にストレスがかかるからである．

　Sさんの店ではそういうことはない．店員さんと気軽に話をしながら，目の前で選び，目の前で支払いをすることができる．そして，商品はおいしく，また食事の準備やお弁当の準備の手間が省けるものばかりである．顧客はそこに強い価値を感じたのである．

(3) 成功

　Sさんは，お店の売上から危機を感じ取った．確かに，売上がなければ事業は継続しようがない．そして，当初のSさんのもっぱらの関心事は，毎日のレジから出力される日々の売上と銀行口座の残高だった．実際，当初は，銀行口座からとてつもない勢いで現金が減少していくのを目の当たりにし，Sさんは，すっかり気落ちし，また不安感に襲われた．どうやったら，売上があがるのか……．

　実は，Sさんは，最終的には，この地域で3～4の店舗を持つオーナーになることも夢見ていた．実家がそれなりの資産を持っていた．それをうまく活用し，さらに資産を高めようという思いもあった．すなわち，収益の増大と，それによる資産の増加が彼女にとっての「成功」だった．

　しかし，顧客像と価値の認識を改めたSさんは，それが成功ではないことに，徐々に気がついた．「お客様がここでパンを買う理由」がわかり，「こんなお客様だったら，きっとこうだろう」という意図を商品に込め，それを提供する．その結果は，売上となるが，売上が物語っているのは，いかに顧客を理解しているか，捉えているか，ということである．

　成功とは，そんな価値提供，そして売上からの利益にもとづき，新たな価値創造のサイクルを持続して回せていることである．また，収益は目的ではなく事業を継続していく原資である．そのことをSさんは理解したのだった．

(4) 事業シナリオ

　当初，Ｓさんは，「付近に競合がない場所で，おいしいハード系の高級パンを売る」ことにより，事業は成り立つと思っていた．いわば，それがＳさんにとっての事業を成功に導くシナリオ，すなわち「事業シナリオ」であった．

　しかし，それは思い込みにすぎなかった．その地域の特性や顧客層を実際に調べて，言葉や目に見える形で描いていたわけではなかったのだ．思い込みにもとづき事業を進めることがいかに無謀であったかを，Ｓさんは今回，身にしみて実感したのである．

　つまり，事実にもとづいて，このパン屋を取り巻く環境を知り，そこに存在する顧客の特徴を知り，求められる価値を想定し明確にすることにより，初めて提供すべき商品と商品提供のプロセスの輪郭がはっきりとしてくるのである．

　Ｓさんの当面の事業シナリオは，他の競合のパン屋が誰もまだ気がついていない「共働きと子育てに忙しい母親世代に対して，家事，買い物の手間をはぶき，子育てを楽にすることができるお惣菜パンの開発と提供」である．この事業シナリオは，事実にもとづいているため，Ｓさんの心がぶれることはもうなくなっている．

　そして，このお店の評判が口コミで広がるにつれ，いつかは，もともとの夢であるハード系高級パンが売れるようになると信じられるようになったのだ．

1.1.3　価値の競い合い

　これまで，Ｓさんとパン屋を通じて，「価値」に加えて，そこから発展する４つの視点，すなわち，顧客像，提供しているモノ，成功，そして事業シナリオについて話を深めてきた．

　ここで，もう少し大きな視点で，事業の根本的特徴と，そこから「価値と競争優位性」について考えてみたい．そして，パン屋以外の例を示してみたい．

第1章　事業を再考する

(1)　事業の根本的特徴

まず，「事業」の根本的特徴について考えたい．それは，提供される製品・サービスを顧客が信用しなければ成立しないということである．「よいだろう」と思って選んだモノが，そうではなかった場合，大きな落胆を経験する．逆に「意外にもいいな」と感じることもあるだろう．提供側がいかに入念に品質保証に取り組み，またそれを実証しようとも，これから提供しようとする製品・サービスが要求事項を満たし，そして望まれる価値を提供できるかどうか，顧客にとって未知の部分が少なからずある．

その意味で，絶対の信頼感の付与という品質保証はきわめて難しい．顧客は，そのリスクを負いながら，製品を選び，買ってくれる．その結果，顧客が強く望んでいた価値が現実のものとなっていると，顧客は，自分の要求に適合した製品・サービスを提供してくれたという満足を通り越して，メリットや便益を享受し，あるいは強い感動を得ることになる．

顧客にとってみれば，これが「信頼したことへの行動強化」となり，その製品はさらに選ばれ続けることになる．すなわち，「信用」が「信頼」に変化し，「ブランド」となっていくのである．

別の言い方をすれば，顧客が代金として支払ったお札の裏側に，どれだけ，顧客の感謝や喜びがあるかである．

価格は，顧客が感じる価値（メリット・効用）との対比で評価されるものである．顧客が享受した価値が，その感謝のしるしとして支払った価格を上回っていれば，購買行動は継続する．

そして，もちろん，この逆もまた真である．裏切られた顧客は，積極的にその製品を避けるだけでなく，その製品を避けるように促す情報を周囲に流布することになる．顧客が望む価値の提供こそが，商売，事業における信頼というブランドを確立する原点なのである．

(2)　価値と競争優位性

顧客は，どの製品・サービスを信用するか，という点において，製品・サービスの選択に関わる最終決定権を持っている．提供側から見れば，そこで競争が発生することになる．製品・サービスの提供を続けたければ，

競争には勝つ必要がある．

　顧客は，複数ある選択肢から，どの製品・サービスがよりよく価値を提供するのかを評価する．すなわち，顧客が信用した価値提供が競争力の源泉になる，ということである．

　ここで重要なことがある．それは，一見すると競合しているように見える製品・サービスがあった場合でも，それらの製品・サービスが必ずしも同じ価値を競い合っているわけではない，ということである．

　ある丼もののファストフードチェーンでは，家族や友人とともに訪れることができる（すなわち，テーブルが多い），また，豊富なメニューから選べることを価値としている．このチェーンの競合は，同じ丼もののお店ではなく，テーブルが多く，豊富なメニューから選べて，しかも価格が安価なファミリーレストランかもしれない．

　これとは別に，類似の丼ものを提供しているが，あえてメニューを絞り，またカウンター席が多いお店のチェーンがある．ここは，メニューを選ぶ煩わしさを省いていることを価値にしている．すると，このチェーンの競合は，類似の丼ものではなく，あえていえば，立ち食い蕎麦屋かもしれない．

　競争とは，そのような，価値の競い合いなのである．したがって，何を，誰と競い合っているのかを認識しなければ，「競争力」という言葉も意味がなくなってしまう．競争，競合について考えるとき，この認識がとても重要である．

　要求事項が満たされていても，あるいは提供側が決めた仕様に適合していても，競争力につながるかどうかは不明である．顧客が積極的に選ぶ理由となる価値提供が競争力の源泉であり，そのような価値を具現化する組織の能力こそが「競争力」である．

　ところが，私たちの多くが「組織の競争力」というとき，自分たちの思い込みで，その根拠が曖昧なまま，自分たちには競争力がある，あるいはない，と決めていることが多い．

　また，その結果，製品・サービスを通じた価値を考慮せずに低価格戦略に走ってしまうこともある．しかし，「価値の競い合い」の姿を認識して

いないまま，競争力を高める目的で，ただ価格を下げるのは，やはり愚策というしかないだろう．

本来，製品・サービスの価格は，同類の製品・サービスの相場で決まるのではなく，顧客が享受している価値の相場に沿って決められるものである．例えば，美容電化製品は，エステとの対比で価格が設定されている．

また，リーボックが発売している"Easy Tone"というブランドの靴・履物製品は，スポーツジムに通う費用との対比で価格が設定されているため，同クラスの靴・履物製品よりも，当初は価格が2倍に設定され，そして顧客がその価格を受け入れているのである．

(3) 価値提供の姿

以上の話を踏まえた上で，これまであげてきた事例のほかに，よく知られている組織や商品の事例を通じて，具体的な価値提供の姿を見てみたい．

① スターバックスコーヒー

スターバックスコーヒーは比較的高価なコーヒー飲料などを提供する多店舗展開している店である．提供している製品は，コーヒー飲料，甘いお菓子，あるいはサンドイッチなどの軽食である．エスプレッソやカプチーノといった，さまざまな形態のコーヒー飲料が提供されているが，それでは，その飲料のおいしさが価値となっているのだろうか．

実際のところ，それなりにおいしい100円コーヒーを提供しているハンバーガーチェーンが隣接していることもあるが，多くの顧客が，あえて3〜4倍の価格がするスターバックスコーヒーの飲料を選ぶ．それはなぜか．

提供されている製品のおいしさ，見た目の美しさ，という価値があるのはわかる．しかし，さらに，顧客として訪れている人々を観察すると，あることに気がつく．多くの方が，本，仕事，学校の宿題を持ち込んでいたりする．店の中でくつろぎながら，あるいはおしゃべりしながら，仕事をしたり，本を読んだり，勉強をしている．

このような行為は，本来自宅か職場で行われるものだが，スターバック

スは，「第三の場所」として，自宅よりも，職場よりも，気持ちを切り替えて取り組むことができる場所になっている．テーブルの上には，普通の喫茶店にはありがちなさまざまな小物が一切置かれていない．椅子もテーブルも長時間の滞在に向くしつらえになっている．そのような演出の能力が，スターバックスにはあるのだろう．

そして，もちろん，純粋にスターバックスの飲み物がおいしく，またお店によりおいしさにばらつきがないことを価値として感じる顧客もいるのである．

② 東京ディズニーランド

東京近郊にはさまざまなテーマパークがあるが，一番有名なのは，やはり東京ディズニーランドであろう．提供している製品は，イベントとアトラクションである．すなわち，乗り物，シアター，あるいは，パレードである．

そのようなテーマパークは，たくさんある．しかし，あまたあるテーマパークで顧客来場者数を伸ばし続けているのは，ここだけである．書店に行けば，東京ディズニーランドの「感動のサービス」について書かれている本がたくさんある．

東京ディズニーランドでは，たとえ清掃員であろうとも，ステージに立つ一人として行動する．そのために，従業員(東京ディズニーランドでは「キャスト」と呼ばれる)が，常に何気ない気配りを訪れる方に提供していることが，このテーマパークに何度も訪れる価値になっているのだろう．しかし，そんな気配りだけが，このテーマパークの秘密なのだろうか．

ここで，入場している顧客を観察すると，ある事実に気づく．それは，入場者の多くがさまざまなコスチューム(例：カチューシャ)を着けていることだ．それも，女性や小さな子どもだけでなく，大の大人までもが躊躇なく行っている．

このような現象は，他のテーマパークでは見られない．これが示唆していることは何か．それは，「普段の自分とは異なる，夢と魔法の王国にふさわしい自分を演じることができる」ということが，強い価値として提供されているということである．もし，そのような姿で，例えば通勤電車に

乗っていたら，多くの好奇な視線にさらされることになるだろう．では，そのような「演じる」ことを躊躇させない仕掛けはどこにあるのだろうか．

実は，外部からこのパークの内部をのぞきこむことは難しい．同時に，パークの内部からパーク外部にある建物を見ることもできない．つまり，遮蔽性が高いのである．もし，自分が何らかの仮装をしているとき，ふと目を外に向けると，普段の東京の街並みが見えていたとしたらどうだろうか．その瞬間に「夢と魔法」は消え去ってしまうだろう．

東京ディズニーランドの競争力は，パークの立地を含む施設そのものの設計能力により具現化されているのである．

③ **アップル社によるスマートフォン，タブレット**

アップル社は，独自のパーソナルコンピュータを提供してきた．そのアップル社が提供している商品に，スマートフォンやタブレットがある．もちろん，スマートフォンやタブレットを提供しているのはアップル社だけではないが，アップル社が新製品を出すたびに，なぜか多くの消費者による長い行列ができる．これはなぜか．

機能的に見ると，確かに，使いやすさやデザイン性などにおいて，他の商品より先んじている部分があるが，それだけであのような長蛇の列ができるだろうか．

アップル製品を愛用している女性に「なぜ，アップル社なのですか」と問いかけたところ，こんな答えが返ってきた．「上手くいえないけど，アップル社の商品を使っていると，自分が新しい時代を変えていく最先端にいる感じがする」

常に革新的で，また美しいアップル社の製品は，そのようなアーリーアダプター（初期採用者）層の顧客に，特に強い価値を提供していることがうかがえる．

そして，その美しさへのこだわりは，創業者であるスティーブ・ジョブズ（1955 − 2011）が，大学を中退した後に，自らの興味のまま学んでいた西洋書道，カリグラフィにルーツがある．美しいフォントとそのタイプセットに魅せられたジョブズは，その後パソコンを開発する際に，この美

しさを実現することを最初の設計目標とした．そのことは，ジョブズ自身がスピーチで述べている．

④ トヨタ86／スバルBRZ

最後の例は自動車である．かつて，車の性能が，速度や加速，あるいはコーナリング性能で語られる時代があった．以後，車の価値は，大きく変化してきた．スタイルや贅沢なインテリアが重要であった時代もあった．しかし，1990年代以降は，ミニバンが主流となり，また，燃費性能がとても重要な性能になっている．さらには，車を買わない，という選択肢も出てきている．

その中において，トヨタ自動車と富士重工業が共同開発し，2012年3月に発売されたトヨタ86／スバルBRZは，1970年代のスポーツカーのコンセプトをそのまま復活させている．自然吸気，マニュアルトランスミッション，そして後輪駆動で，あえて後輪タイヤを滑らせてシャープなコーナリングを楽しむ車である．

この車は，かつて，そのような車に乗ったことがある世代から強い支持を得ている．スポーツカーが売れない時代において，2012年2月の発表から約1カ月間で，月間目標販売台数の7倍に当たる約7,000台を受注し，2014年3月の時点においても，納車まで数カ月かかっている車なのだ．トヨタ自動車ではトヨタ86，富士重工業ではスバルBRZとして，姉妹車として販売されるが，内装デザインなどに一部差異がある．

車をただの道具と捉えれば，それは移動手段の一つでしかない．しかし，自動車のショールームに行くとおもしろい表現に気がつく．それは「カーライフ」である．

自動車はかなり長期間にわたり使用する製品である．その時間の過程においては，さまざまな人生の節目があるだろう．そんな人生の節目，例えば，子どもが生まれたとき，幼稚園に行くとき，あるいは家族で旅行したときのことを，所有している車を通じて記憶していることが多い．したがって「カーライフ」なのである．

すなわち，乗用車とは，そんなパーソナルな側面での価値を提供するものなのである．車の価値は，エンジンやトランスミッションの性能や仕様

だけでなく，運転する楽しさ，機敏な動き，家族との楽しいドライブ，といった官能的な側面がとても強い．そういう意味において，乗用車は，まさに総合的な技術力が問われる製品の一つだろう．

(4) 価値提供こそが事業の本質

本節では，真の品質経営において最も重要な考え方の一つである「価値」をご理解いただくために，パン屋の具体的な事例，価値を認識することにより得られること，そして，さまざまな価値の姿を描写することを試みた．

価値は，顧客の現場や心象にて具現化するものである．それは，きわめて具体的である場合もあれば，あまりはっきりしない心情的なものの場合もある．

しかし，いずれの場合においても，製品・サービスが提供する価値，すなわち便益，メリット，うれしさ，感動があってこそ，顧客はその製品・サービスに惹かれるのである．

具現化すべきは，より選ばれる価値を提供できる製品・サービス作り，製品・サービス提供の持続である．それこそを「事業」と呼びたい．

1.2　事業構造とは

1.2.1　今後も拡大していく LED 照明
(1)　事業構造の分析と理解

1.1 節において「価値」について考察した．すなわち，誰に（顧客）何を（価値）提供すべきかを考えた．その価値提供において，程度の差こそあれ，単独の供給者によって顧客に価値が提供されることはない．どこにも競争があり，競合が誰であるか考えなければならいう意味ではない．価値提供に必要なすべてを 1 人で生み出すことはできないという意味である．

1.1 節の例にあげたパン屋は，土地を手配し，店舗を構え，店内を整え，パンを作る設備・道具をそろえ，その他の什器をそろえ，小麦粉やその他の原材料を購入し，電気・ガス・水などユーティリティを使い，友人に手

伝ってもらって，店を切り回している．自分で作った小麦を使っているわけではない．自分で発電しているわけでもない．顧客への価値提供に至るには，幾多の価値提供の網の目のような連鎖，ネットワークが形成されている．

　顧客に価値を提供するために，多くのプレーヤーがさまざまな活動をして，さまざまな価値を生み出し，これらの価値が連鎖を構成して，最終的に顧客に価値が提供されるのである．

　持続的成功を達成するためのマネジメントシステムを構築し実践していくためには，顧客に認知されている価値の理解に加え，優位性を確立し，それを最大限に発揮する方法と視点が重要となる．優位性を確立するための第一歩として「事業構造」の理解が必要である．

　本節では，事業構造の分析・理解において重要な概念である「事業構造」，及びすでに起きたあるいは起こりつつある「事業構造の変化」について，近年の省エネ価値観に応える形で，長寿命・省エネで注目を浴びつつあるLED照明を例にとり，その市場，競争優位要因，事業環境，事業構造，さらにその変化について考えてみる．

　まず，市場，及びこの市場における競争優位要因について，LED照明の市場を取り巻く環境全般について考察する．次に，LED照明の事業構造について，屋内用住宅LED照明に絞って考察する．さらに，LED照明市場の事業構造の変化について，再びLED照明全般に起こり得る変化について考えてみる．

(2) LED照明の概要

　LED照明とは，発光ダイオード(LED，Light-Emitting Diode)を使用した照明機器のことであり，長寿命，低消費電力，高信頼性などの特徴を備えている．1990年代に青色発光ダイオードが開発されて，LEDを光源とする白色光が可能となった．その後LED照明の市場が徐々に形成され，近年では省エネ，長寿命で注目を浴びている．LED照明は，LED電球，ベース照明，誘導灯，小型の部分照明，自動車，道路交通分野，医療分野，屋外照明に加え，漁光，冷蔵庫内の照明など広範囲の利用があり，市

場の拡大が期待されている．

　こうした将来性があると目されている市場を担うLED業界は，数年前までは日本がリードしていた．しかしながら，近年では欧米，韓国・台湾も勢力を伸ばしてきており，蛍光灯タイプでは国内外を巻き込んだ，国際規格の主導権争いが起きている．また，LED市場の拡大を見込んで，多くの企業がLED業界に新規参入している．

　このような状況のもと，LED照明に関連する事業を運営している組織は，自社製品の用途，顧客，販売チャンネルに加え業界全体の動きを把握し，顧客価値，競合，自社の特徴・能力を理解した上で，競争優位要因を特定し，それを強化，維持及び100％活用できるマネジメントシステムを構築，運営する必要がある．

(3)　LED市場における競争優位

　市場は，そもそもは顧客とそのニーズで形成され，経済状況，社会環境，文化などにも影響される．市場は，製品サービスを購入する顧客ニーズの集合であり，製品・サービスを提供する組織は，自身が特定した顧客ニーズを満たすこと，及びサプライチェーン全体の中における自身の位置づけを認識し，価値創造・提供活動において自身の特徴，能力，及びそれらを活かした優位性を発揮することで競争優位を確立し維持することができる．

　LED照明は，省エネの推進という社会的要請を追い風に，その特徴である長寿命，低消費電力，高信頼性などが歓迎され，その用途が急速に拡大している．LED照明は，その用途の拡大に応じて大きな伸びが予想される将来有望な市場の一つと期待されている．

　図表1.1はLED照明推進協議会が作成したLED国内市場規模の発展に関する概念図である．LEDを用いた一般照明の市場は，屋内用と屋外用に分けられる．

　屋内用の市場は，店舗，商業施設からオフィス・工場・住宅用へと，電力消費が多く省エネニーズの高い比較的限定された領域から，規模の大きい一般的な領域へと移行・拡大するものと予想される．

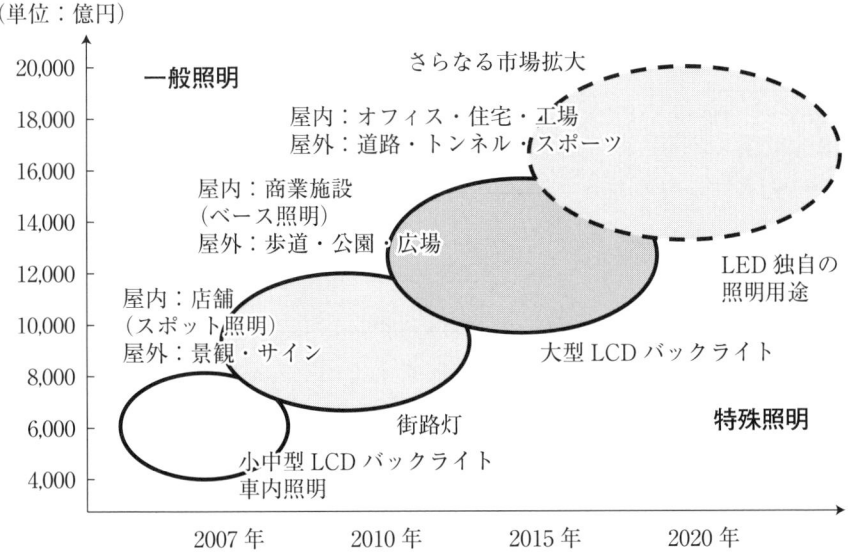

(出典) LED 照明推進協議会:「白色 LED の技術ロードマップ」, *JLEDS Technical Report*, Vol.2, 2008 年 (http://www.led.or.jp/data/docs/JLEDS Technical Report Vol2.pdf)

図表1.1　国内市場規模の概念図(照明市場全体)

屋外用の市場については,従来の照明からの置換えが比較的容易な景観・サイン照明から歩道・公園・広場照明を経て,より大がかりな道路・トンネル・スポーツ施設照明への移行が想定されている.LED を使った特殊照明に関しては,LCD バックライトや車内照明が先行し,街路灯,医療用などへの応用が進みつつある.

市場に投入される製品は,もとより製品の実現・提供の一連のプロセスにより実現される.また,それら一連のプロセスにおける諸活動は,それを取り巻く事業環境に大きく影響される.組織は,生産活動を行うために,原材料,部品,各種資材を必要とし,提供された製品の価値は,他社製品との比較において決定するという意味で常に相対的である.

そのため,製品及び製品実現プロセスの優位性は,原材料,部品から製品を作り,製品を提供するサプライチェーンのあらゆる局面において組織がその特徴・能力を 100%活かすことによって成立する.

1.2.2　LED 照明市場を担う主役たち
(1)　LED 照明全般の事業構造の基本形態
　「事業構造」は，市場とともに，組織を取り巻く事業環境を構成する主要な要素である．持続的な成功を達成するためには，部品から製品をつくり，顧客に提供するサプライチェーンを取り巻く環境の総体としての事業構造を明らかにし，その中での自組織の位置づけを正しく把握しておく必要がある．

　事業構造を把握する目的の一つは，サプライチェーンの中で，自組織と上流組織・下流組織との関係を理解することである．さらに，それらの多様な組織との協力あるいは競合関係を理解し，協力関係のあり方と，競合に対して自組織が持つ特徴と優位性を明らかにすることにある．

　事業構造の分析においては，製品及び製品実現プロセスの優位性を発揮すべきそれぞれの局面において，優位性に影響する要因を明らかにし，優位性及びそれを発揮すべき局面を明確にする．事業構造の分析を行うことにより，部品から製品をつくり，製品を提供するサプライチェーンを取り巻く環境の総体及びそれらの相互関係，例えば競合の状況や系列などの協力関係，提供すべき製品及びそれに付随するサービス，あるべき情報交換チャンネルなどが明らかになる．

　ここで，LED 照明器具メーカーを例にとり，「事業構造を明らかにする」とはどういう意味かを考えてみる．LED 照明器具メーカーに関連するサプライチェーンの基本形は図表 1.2 のとおりである．

　LED 照明器具メーカーにとっての上流は，原材料メーカー，LED メーカー，及びその他の部品メーカーである．原材料の入手性は，事業そのものの持続性に影響を与え，LED や他の部品の持続的な提供，価格を含むそれらの入手条件が，LED 照明器具メーカーの競争力に影響を与えるものとなる．LED 照明器具メーカーは，例えば LED メーカーや他の部品メーカーの系列組織であるなどの自身の特徴を活かすとか，自身の購買力を活用するなどしてサプライチェーンの上流における優位性を確立することが重要である．

　一方，LED 照明器具メーカーにとっての下流は，販売店及び顧客とな

1.2 事業構造とは

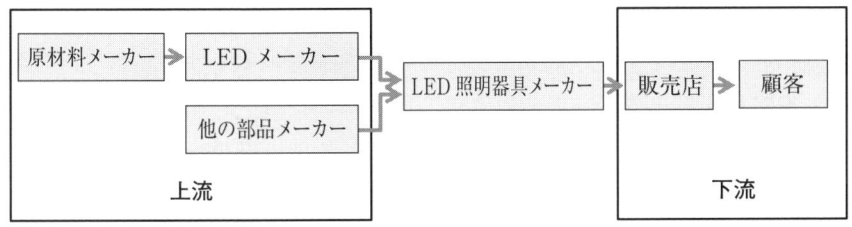

図表 1.2　LED 照明器具のサプライチェーンの基本形

る．図表 1.2 は基本形を示しているので単純化されているが，LED 照明器具の用途及び市場は図表 1.1 に示したとおり多種多様であり，LED 照明器具が顧客の手に渡るまでの流通経路も多様である．一般照明の市場は大きく分けると屋内用と屋外用があり，屋内用の市場は，店舗，商業施設，オフィス，住宅，工場など，屋外用には，LCD バックライト，車内照明，街路灯などがあり，各々の用途及び市場に，それに対応した流通経路が存在する．

　店舗照明，商業施設，オフィス・工場用の屋内照明で，顧客自身が照明設計を行い，顧客が LED 照明器具メーカーから直接購入を行うケースもあるが，多くの場合，店舗，商業施設，オフィスの建設を請け負う建設会社，あるいはこれらの建設設計会社経由で照明器具の発注がなされる．

　LED 照明器具メーカーが競争に打ち勝ち，持続的な成功を実現するためには，最終顧客のニーズに加え，照明器具の流通チャンネルで，顧客に代わり購買を決定する，あるいは購買の決定に影響力を持つ建設会社や建設設設計会社のニーズや要望にも応えなければならない．

(2)　屋内用住宅 LED 照明の事業構造

　屋内住宅用 LED 照明器具を例に，その市場，顧客及び購買に影響力をもつ者について考えてみる．屋内住宅用 LED 照明の市場は以下の 3 つに分類できる．

①　個人が白熱電球や蛍光灯などの従来型の照明を置き換えるために購入する場合

②　リフォームの際に設置する場合

③ 住宅の新築の場合

　従来型の照明を置き換えるためのLEDランプの多くは，照明専門量販店や家電量販店を通して販売される．照明専門量販店や家電量販店は，光の色，消費電力，明るさなどの基本性能に関する顧客のニーズを踏まえながら，個々の量販店の販売方針に沿った品をそろえる．

　これら量販店における購入は，販売方針に沿った品ぞろえ，過去の販売実績，納期，仕入れ価格などをもとに，量販店の購買部門が決定する場合が多い．購買決定に強い影響を与える者，及びそのニーズを満たす程度が競争優位の源泉となる．このケースの購買決定に影響を与える者，及びそのニーズを図表1.3に示す．

　LED照明器具メーカーは，さまざまな局面における競合の状況，最終顧客のニーズに加え，個々の量販店の販売方針，購買部門の方針及び特徴，場合によっては購買部門の責任者や担当者がその立場で負っている責任やその業務の遂行に関わるニーズなどを理解した上で，自組織の特徴・能力に立脚した優位性を活かせる製品開発や販売戦略を展開する必要がある．

　上述の②及び③の市場の場合，すなわちリフォームの際あるいは新築住宅に設置するLED照明市場については，そのサプライチェーンに住宅の

購買決定者	ニーズ・期待 (顧客のニーズ・期待は，その他の関係者にとってもニーズ・期待となる)
最終顧客	・既存器具との互換性 ・基本性能(消費電力，信頼性，色，明るさなど) ・価格　など
照明専門量販店	・品ぞろえ ・知名度 ・納期 ・仕入れ価格　など
家電量販店	・仕入れ価格 ・納期 ・知名度　など

図表1.3　LEDランプ購買決定に影響を与える者，及びそのニーズ

リフォームあるいは新築を請け負う建設業者が介在することで，販売経路及び商品情報の流れが少し複雑になる．図表 1.4 に，住宅の建設工事に伴う LED 照明器具の流通ルートの例を示す．

新築の場合は建設会社，リフォーム場合は建設会社あるいはリフォーム業者に，またより複雑あるいは高度な要望を実現したい施主の場合は設計事務所を経由する形で住宅の注文がなされる．照明器具に関する要望は住宅に関する要望の一部として，建設設計会社，建設会社あるいはリフォーム業者が施主の要望を考慮して購買の決定を行う．この決定にもとづき，照明器具は，建築資材販売業者あるいは照明器具の量販店を通じ，場合によっては LED 照明器具メーカーから直接，建設会社またはリフォーム会社に渡り住宅に設置される．

この場合の購買決定者には，設計事務所か建築会社あるいはリフォーム会社が大きな役割を果たす．彼らの購買決定に関する判断材料は，照明器具が顧客の要望に応えるものか判断するための情報であり，機器の選択肢あるいは独自のデザインを組み込むことに対する自由度であったりする．

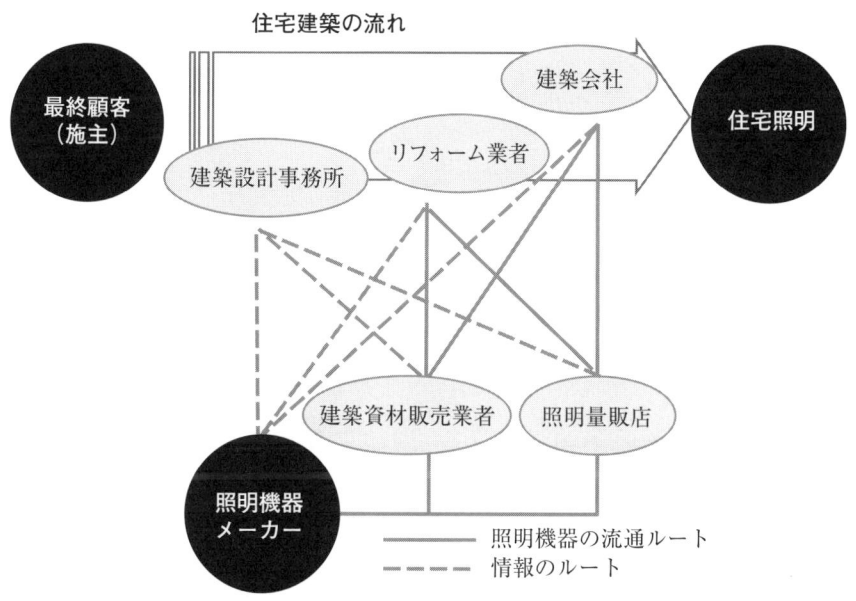

図表 1.4　照明機器の流通ルート（新築・リフォーム）

購買決定者 影響者	ニーズ・期待 （顧客のニーズ・期待は，その他の関係者にとってもニーズ・期待となる）
最終顧客	・基本性能（消費電力，信頼性，明るさなど） ・デザイン ・価格　など
建築資材販売店 照明専門量販店	・品ぞろえ ・知名度 ・仕入れ価格　など
建築会社 リフォーム会社	・商品情報 ・設置の容易さ，安全性 ・設計仕様への注文の自由度 ・納期　など
設計事務所	・商品情報 ・品ぞろえ ・設置の自由度 ・デザイン　など

図表 1.5　住宅用 LED 照明の購買決定者／影響者，及びそのニーズ・期待

このケースの購買決定に影響を与える者，及びそのニーズ・期待を図表1.5 に示す．

　LED 照明器具メーカーがこれらの市場で競争に勝ち抜くためには，照明器具の性能及び品質を維持するとともに，最終顧客に至るまでに介在するすべての関係者を明確にしなければならない．さらに，各々の関係者において購買の決定は誰が行うのか，その決定者の特徴及びニーズ・期待は何かを明確にする必要がある．その上で，自組織の特徴及び優位性を発揮できるルートに集中し，可能な限りあらゆる局面で特徴及び優位性を発揮することが必要なのである．

1.2.3　新たな主役の出現
(1)　事業環境，事業構造の変化

　市場及びそれを取り巻く影響要因の総体としての事業環境，事業環境の主要な構成要素となる，市場及び製品のサプライチェーンを取り巻く環境の総体としての事業構造について，LED 照明を例に考察したが，これら

事業環境，市場及び事業構造は日々刻々と変化し続けていることに留意する必要がある．

　技術革新やその他の理由で，市場及び事業環境が大きく変わった例は枚挙にいとまがない．

　例えば，CD（コンパクトディスク）の出現で消えたLPレコードやレコードプレーヤーは，技術革新による代替製品の台頭のよい例だろう．DVDやハードディスクの出現で消えたVTR，デジタルカメラの出現で消えつつあるフィルムカメラも同様の例である．

　デジタルカメラについては，高級カメラ市場でなければ，光学系技術よりデジタル画像を「作る」技術が商品の魅力の源泉となり，新規参入を加えた新たな競合関係が生まれている．さらに，スマートフォンの普及により事態は急速に変化しており，小型デジカメの市場は縮小しつつある．デジタル化により，競争優位となる技術が変化した例としてテレビをあげることもできる．ブラウン管テレビの時代には優位であった日本のテレビメーカーは衰退し，海外の部品や製品がシェアを伸ばしつつある．

　新たな価値提供の媒体の出現，新たな販売チャネルの確立，あるいは新たな事業モデルの例としては，1990年代半ば以降，通信カラオケの出現で消えていったCDカラオケがあげられるだろう．

　LED照明などの製造・販売メーカーは，次項でも触れるが，LED照明提供の事業モデルの一つの形態として台頭してきた．事業モデルの変化のより興味深い例としては，ファブレスメーカーをあげることができる．

　Fabless，すなわち工場を所有せずに製造業としての活動を行う企業の台頭は，半導体産業がその代表であった．半導体製造装置やその周辺設備の投資には莫大な費用がかかり，シリコンサイクルと呼ばれる製造プロセス更新，投資のため減価償却期間が短いため，事業として成り立たせるための資金の調達が難しい．そのため，製造設備を持たず，研究開発のみに従事する企業とすることでこれらを回避し，比較的安定した事業を行うことをねらった事業モデルがファブレスメーカーであった．開発設計から製造まで一貫して行う従来の「縦の分業」に対して，ファブレスメーカーは「横の分業」という新たな事業モデルを生み出している．コンピュータ，

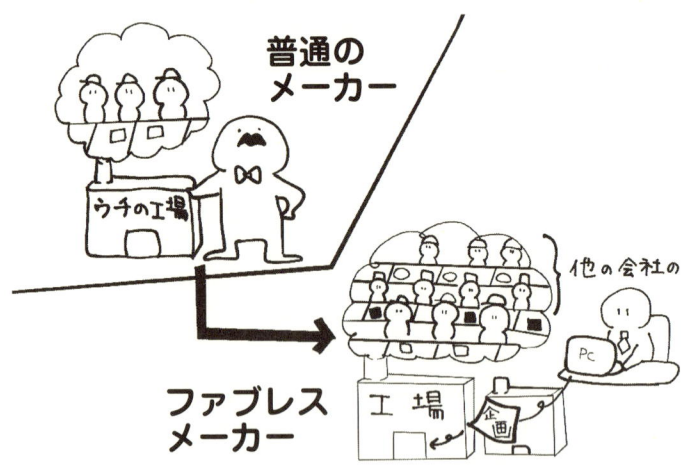

食品,玩具(ホビー)などでもファブレスメーカーが台頭している.

販売チャネルの変化によって競争優位要因が変化した例として,銀行をあげることができる.従来は,窓口業務を行う支店の数が重要な競争優位要因といえたが,自動窓口機械,インターネットバンキングなどによって,支店の数そのものの重要度が下がっている.大型書店の専門書の取りそろえが,通販の拡大でその優位性を失いつつあるという現象も,書店の競争優位要因の変化の例といえるだろう.

(2) LED 照明に関わる「変化」

本節で例として取り上げた LED 照明について,すでに起こった,あるいは今起こりつつある変化について考察しておこう.

① 市場の変化

LED 照明の市場は,青色発光ダイオードが開発され,LED を光源とした白色光が可能となったことにより急速に成長しつつある.これは,技術革新という変化により新たに開拓された市場である.この LED 照明市場では,技術革新の結果,従来型の照明の市場が急速に収縮しつつある.

② 事業構造の変化(サプライチェーンの上流)

LED は電球や蛍光灯などの従来の光源に比べ量産しやすい.そのため,ある程度安定した性能,品質の製品が比較的容易に製造できるようになっ

た．その結果として，海外メーカーの日本市場への参入が可能となり，光源としてLEDを製造しているメーカーの競争関係を変化させた．それとともに，LED照明メーカーにとって，LED購買に関して，以前に比べより多くの選択肢が持てるようになった．

　LED照明器具メーカーが優位性を発揮する基盤の一つが，サプライチェーンの上流に対する購買能力であるが，その要件が変わってきている．従来は，国内のLED製造者と強い関係を持つ，系列のLED照明器具メーカーが，安定した供給を確保できるという意味で優位性を発揮できた．

　しかし今後は，LEDの購買先の選択肢が限定されるという意味で，特定のLED製造者との強い関係が優位に働かないばかりか逆に不利になる可能性もある．今後求められる購買能力として重要な側面が，購買先の選択肢を幅広く開拓し確保する能力，購買先の品質・コスト・供給能力などを評価する能力などとなるだろう．

③　**事業構造の変化(サプライチェーンの下流)**

　LED照明は，基本的に点光源であり均一な光にするのに工夫を要するが，一方で照明器具としてのデザインの自由度は飛躍的に向上した．このことに，上述したLED購買の選択肢が増えたことが加味され，LED照明メーカーあるいはその系列メーカー以外の新規参入者が相次いでいる．

　新規参入は，大型工場や倉庫，展示場などの灯光器，医療用及び自動車用照明など特殊用途をねらっているグループと，製造・販売を一手に引き受ける形のグループに分かれる．両グループともに，その市場構成に変化をもたらしている．

　特に後者の製造・販売を一手に引き受ける形のグループの活動形態は，製品の流通に大きな変化をもたらしつつある．このグループに属する企業は，製造と販売を一手に引き受けることにより市場のニーズをより的確に把握し，顧客に密着した商品開発及び商品展開が可能になる．

　また，販売ルートにも大きな変化が起こりつつある．従来，製品を陳列し販売していた量販店が，照明を含めた複数商品をソリューションとして提供する形での販売を強化している．LED照明メーカーは，製品の優位

性に加え，販売チャンネルや市場開拓において，より市場に密着した事業形態，すなわち個々の顧客のニーズに対応できる独自性と優位性を確立する必要に迫られるだろう．

④ **LED 照明市場に起こるかもしれない変化**

　特殊用途の LED 照明市場は，LED 照明の特徴を活かし順調にその市場を拡大することが予想される．一方，住宅用室内 LED 照明については，その価格がネックとなり，急速な普及には至っていない．LED 照明の消費電力と長寿命によるメリットで長期的に見れば投資効果が十分得られるレベルになっているが，従来の照明と比較してかなり高い価格がネックとなっている．

　LED 照明は直流電源で駆動されるので，個々の LED 照明に一般商用電源を直流電源に変換するためのトランスなどの部品が内蔵されており，これが高価格の原因となっている．住宅に直流電源網をあらかじめ設置しておくなどすることによってこれらの部品を省略できれば，価格の問題は一挙に解決できるが，直流電源の設置コストが課題となる．

　2011 年 3 月 11 日の東日本大震災時の津波による福島原発事故以降，電力需給状況は激変した．節電要請や電力使用ピーク時の計画停電などを背景に，家庭用バッテリーが注目され，EV（電気自動車）の普及に伴い直流電源のニーズが増えている．こうしたことを勘案すると，LED 照明やその他の電源ニーズに対応する直流電源の設置を統合した省電力総合ソリューション提供市場が形成されるかもしれない．

　組織は，市場の変化を理解した上で事業構造を明確にし，組織の上流及び下流との関係において，組織がその特徴・能力に立脚した優位性を確立し，100%活かさなければならない．

　変化は流動的である．組織は，起こり得る変化の予測を常に行い，その中から起こりつつある変化を迅速に捉え，また適切に対応することによって，現在の成功を将来の持続的な成功につなげることが可能になる．

1.3 能力とは

　1.1節において,「伝説のパン屋さん」を目指したものの挫折し,その再起の過程で,どのような顧客に対して,パンを通してどのような価値を提供するのかを考察し,それなりの成功を収めた女性の実話を紹介した.そして1.2節においては,LEDを例に取り上げて,顧客価値提供における事業構造,すなわちサプライチェーン,ビジネスモデル,競争環境について,その変化の様相と可能性を含めて考察をした.

　本節では,この2つの概念を受けて,ある事業環境における顧客価値提供において有すべき「能力」について,ソフトウェア検証事業を例に考察する.

1.3.1　ソフトフェア検証事業は有望か
(1)　プロローグ

　1990年代半ばのこと,情報サービス分野のある会社の検証担当部門(V事業部と呼ぶ)において,将来の事業の方向性に関わる議論が始まった.この会社は1970年頃に創業し,その10年後に上場した,コンピュータを用いたビジネスプロセスの改善・革新を支援する急成長会社である.事業分野は,ICT活用をコア技術とし,時代のニーズに合わせて,顧客・クライアント企業の要請に応じた,さまざまなドメインのソフトウェアの開発,運用・保守,ICT業務受託,コンサルテーションなど多岐にわたっていた.

　上述したように,この会社にはソフトウェア検証部門があった.社内他部門が開発・保守をしたソフトウェアのテストの単体テスト(ユニットテスト),統合テスト(インテグレーションテスト)から始め,下流の総合テスト(システムテスト),上流の仕様レビューを担当していた.さらに,最下流に見えて実は源流ともいえるユーザマニュアルのレビューなども,社内他部門の依頼に応じて担当していた.ときには,開発プロセス支援として,特定ドメインでの経験を買われて,開発と並行したレビューやテスト,その結果としての改善提案なども行っていた.

検証という，ある意味では縁の下の力持ち的業務であるので，社内からはその貢献に見合う評価が得られず，社内取引の仕切り価格で冷遇されたこともあった．経営層からコストセンター的性格からプロフィットセンターへと性格を変えるべく外販を促されていたこともあり，外部顧客のアウトソース先のような事業も行うようになった．外販事業は上々の滑り出しであった．特定顧客に入り込んでの検証業務が主で，業務の内容・方法は社内での検証業務に近かった．

　売上増，利益確保という点からみれば事業としては成功といえたが，従事している社員にとってはそれほど幸せではなかった．端的にいってしまえばソフトウェア検証の下請けであり，多くは検証すべき事項が決まっているものの人手のかかる，いってみれば普通のソフトウェア技術者なら気の進まない仕事の下請けであった．よほどのことがない限り，基本的には要した時間分の工賃をいただくことができて，利益は確保され，売上増になるのだが，社員のモチベーションはなかなか上がらなかった．しかも，ときにはもっと安くしてほしいとか，短い工数，短い納期で検証してほしいと要請されるようなこともあった．一部の優秀な技術者には，人手作業の時間売りではなく，自らが有する検証技術を売れるようにしたいとの望みもあり，何とか現状を打破したかった．

(2)　検証理論の研究，そして検証事業の考察

　現状打破への一つの切り口は，検証報告の質にあると考えた．検証事業における重要な納品物は，検証の結果であり，それは検証報告書に記される．その報告書の書き方がなかなか難しかった．担当グループによって，文書の構造，書式，表現などがさまざまであった．

　どの範囲の，何を目的にした検証で，どのような視点でどのような内容の検証計画を立て，どのように実施し，どのような検証結果が得られ，それをどう評価・解釈し，何を推奨するかというようなことについてはおおよそ構想できる．そこで，それらを論理的に過不足なく記述するために，ある定まった文書構造，書式，表現とするか，社内標準を作ろうと考えた．

グループリーダーの多くはそれなりの力量を有していて，リーダーが集まって社内標準を作ることはそれほど難しくないと思われた．ところが，現実にはそう簡単ではなかった．行った検証結果を上述した項目で述べていくことはできる．だが，その検証が妥当であること，つまり検証の目的と制約に照らして，必要にして十分な検証を行ったことを説明することは難しかった．

　重要なのは検証計画，より具体的にはテストケース設計である．検証対象に相応しい検証工数が与えられているときに，検証項目をどう選定するか，この指針を作らねばならない．要は，アブナイところを突いて検証対象の脆弱性を指摘したいが，そのような項目をどう列挙するかが難しかった．これが検証の質を左右することはわかっているが，この分野で具体的方法論が確立しているとはいえなかった．

　グループリーダーにとっては，もっと難しいことがあった．それは契約である．出来高払い，すなわち，かかった工数分だけそのまま支払ってもらえるならコトは簡単だが，世の中そう甘くはない．検証に要する工数をそれなりの精度で見積もり，その根拠を示さねばならなかった．同じドメインの類似のソフトウェアでの経験があればそれは難しくない．だが，ソフトウェアの内部の作りがよくわからない状態で見積もるので，予想外の不出来に出会うことも稀ではない．この段階で見積工数を不当に低く設定されて，実施したテストが不十分で検証の質が落ち，次の仕事が取れないのは困る．かといって，いつも赤字覚悟で十二分な時間をかけてテストするわけにもいかない．

　それでも，検証報告書の内容のレベル向上を目指して，社内標準の整備に取りかかることした．この分野の技術が未成熟だからといって，各人の経験だけに頼ることなく，不十分ながらも推奨事項を社内標準にすれば，検証報告書のレベルの底上げはできるだろうし，報告書を書く社員たちの実力も可視化できるだろうと腹をくくった．ある一定レベルの報告書が書けるようになれば，将来的には見積精度も上がるだろうし，何よりも自社の技術力を顧客に訴求することができるだろう．こうした経緯を経て，「検証理論」の研究という大それたネーミングの研究会が組織され，社外の専

門家の協力も得て，検証の方法論の実践的研究が始まった．

それから数年を経て，検証の方法論の研究が契機となり，ソフトウェア検証という事業の性格，難しさ，事業運営におけるコツのようなものがわかり始めてきた．そろそろ，ソフトウェア検証事業の構造を理解した上でのまともな事業戦略を立案すべきだろうということになり，事業部長，経営企画担当部長，経営企画スタッフ，検証技術グループリーダー，検証理論研究グループの社外専門家，それに品質経営の専門家が加わり，定期的な会合を通して，ソフトウェア検証分野の事業構造についての検討が始まった．

(3) ソフトウェアは国力を左右する

ソフトウェア検証事業の戦略を立案するに当たって，社外専門家から，単に現在及び近未来の事業環境において，どう対応し，どう生き延び，チャンスとなれば飛躍しようというような，戦術的な考察の断片的つぎはぎではダメだと指摘を受けた．そこで，世界，日本，産業，ICT，ソフトウェアのトレンドを見据えた，骨太の，社内他部門の口さがない批判によれば「赤ん坊のくせに生意気な」考察をしようと決意した．そこには，小賢しく立ち回って自社だけが成功するというような視野でなく，日本の国際的産業競争力強化の線上にある戦略で，自社も成功したいとの思いがあった．

最初の主題は，「ソフトウェアの重要性」であった．ソフトウェアが重要という結論が出ようと重要ではないという結論が出ようと，当分の間，ソフトウェアの検証事業から離れるつもりはなく，ソフトウェアの重要性の確認は無駄ではないかとの意見があった．

しかし，ソフトウェアが重要なのはほぼ明らかで，重要かどうかを検討することに関心があるのではない．検証事業戦略を考察する段階で，ソフトウェアがどのような意味で重要なのかを理解しておくことこそが重要なのだ．そう再確認して考察を進めた．

日本の GDP は約 500 兆円と考えてよい．幸か不幸か，低成長が続き，長いこと約 500 兆円といっていれば間違いない時代が続いている．そのう

ち情報サービス産業の売上げは20兆円に満たない程度だろう．その中でソフトウェア生産高は10～15兆円と見積もれる．もっともこの計算の中には，ハードウェア製品に組み込まれている分について正確には考慮されていないだろうから，確かなところはわからない．いずれにしても，ソフトウェアの生産高のGDP寄与はそれほど高くはない．せいぜい数％程度だろう．だが，実質的な寄与は優に2～3割はいくのではないだろうか．

　ソフトウェアは社会基盤をなしている．ソフトウェアは，製品，システム，プロセスに内在し，その価値を左右している．この社会を構成するほとんどすべてのものの能力・特徴がソフトウェアに左右されている．

　実際，私たちの周りを見渡すと，どんな製品にもソフトウェアが組み込まれているし，どんな事業も，社会システムも情報システムが核になっている．そして，どんどん高機能化，大規模化，複雑化の一途をたどっている．現代のソフトウェアは国力，産業競争力を左右するといっても過言ではないだろう．ソフトウェアが強いことによって，ソフトウェア提供者の利益をもたらしGDPに貢献する．ソフトウェアを利用する活動のレベルを左右する．このことによって間接的にGDPに多大な貢献をする．

(4)　組込みソフトェアの重要性

　こうした考察，議論の過程で，「なかでも組込みソフトの重要性を認識すべきである」と強調された．確かに，自動車や家電など多くの製造業では，魅力的な新機能が組込みソフトによって実現されることが増えてきている．テレビはデジタル化されて昔のテレビとはまったく違うものになった．デジタルカメラもしかりである．優れた光学系より，組込みソフトによって画像を自在に作り出してしまう．車の制御も，居住性も，安全性も，ソフトウェアによって格段にレベルアップしている．

　当面は日本においてソフトウェア検証事業を展開しようとしているが，日本のソフトウェア産業にとっても組込みソフトェアが重要になることは好都合であり，その検証という事業も発展が期待できる．一般論として「日本のソフトウェア産業の危機」とは，創造型産業において米国に劣り，コスト競争型産業でアジア諸国に負けるということであろう．日本に向い

ている分野は，やはり品質だろう．特に民生用ハードウェア製品・部品の品質管理は今でも一流といえる．すると力を入れるべき分野は組込みソフトということになる．

　電気・機械の組立製品分野では，最終組立よりも高機能部品・ユニットの方が収益性を高くできるのが普通になっていた．こうした高機能部品・ユニットには高い信頼性が要求され，組み込まれるハードウェア制御のソフトウェアは，サイズは小さいが高信頼性を要求され，日本のソフトウェア開発者の思考・行動様式を考えると自然体で対応できる．組込みソフトにより付加価値を高くできた高機能部品・ユニットの検証により，その価値をさらに上げることができれば，日本のためにもなるし，何よりも検証事業は決して先細りではなく，進展を期待してよい事業ドメインといえそうである．

(5) 覚悟

　組込みソフトは，日本にとって得意にできるソフトウェアである．その検証は適度に難しく，日頃の顧客の評価から判断できる自社の実力を考慮すると，事業として十分やって行けそうに思えた．そこで，事業基盤構築も含めた中長期的な戦略を作ることにした．そのためには，今後の事業環

境を理解しておく必要がある，ということになった．すなわち，市場ニーズ（社会，産業のニーズ）はあるか，どのようなニーズに応えるべきか（頭を使う検証が求められそうか），事業として成立するような環境は整うか（ビジネスとして経済的に成立するか，関連産業は成熟するか，協力企業が増え業界ができるか，ソフトウェア開発会社は検証をアウトソースするかなど）を考察しようということになった．

　この検討をしたのは21世紀に入って間もなくだったが，最初の話題は，検証理論研究を始めた1990年代半ばのわずか数年の間のソフトウェアの激変であった．あまりにも変化が激しく現状と先行きについて共通の認識を持っていないと，自らが有すべき能力を明確にできないとの懸念もあった．会社全体としては小さいとはいえないが，ソフトウェア検証を事業ドメインとするV事業部は間違いなく中小であるのに，日本とかソフトウェア産業とか大それたことをいっても仕方がない，もっと手際よく戦略をまとめればよいという意見もあった．

　しかし事業部長は，今は小さくてもこれから拡大するかもしれない事業分野であり，新たな分野をリードする会社，少なくとも新たに形成されるかもしれない検証業界のオピニオンリーダーになるくらいの気概をもって検討したいとの決意を表明し，それこそ産業政策の立案でもする気なのかといわれそうな検討を始めた．

(6) ソフトウェアの変化

　はじめに話題になったのは，1990年代のソフトウェアの変化，そして日本のソフトウェア産業競争力の変化であった．日本のソフトウェア産業は，1980年代までは，メインフレームを中心として世界に誇るレベルにあった．「日本はソフトウェア工場」などと誉められてもいた．

　ところがその地位は「ネオダマ」という用語が広まる1990年代半ばにガタガタと崩れる．「ネオダマ」という用語は2〜3年の間だけ流行っただけであったが，ソフトウェアのパラダイムシフトを的確に表現していた．「ネ」はネットワーク，「オ」はオープン，「ダ」はダウンサイジング，「マ」はマルチメディアという意味である．「ネオダマ」の波に乗って，普

通の人々がソフトウェアを大量に使うようになった．ソフトウェアは，自分でプログラムを組む代物から，使うものに変わっていったのである．

ソフトウェア業界には，LSI の技術革新に端を発する「パラダイムシフト」と呼ぶにふさわしい変化が起きた．経済社会の変化も相まって，この当時いろいろな「変化」が指摘された．高度成長からマイナス成長へ，ハード主導からソフト主導へ，メインフレーム主導から PC 主導へ，集中処理から分散処理・ネットワークへ，省力化・合理化から競争優位の SIS（Strategic Information System，戦略的情報システム）へ，ルーチンワークからホワイトカラー業務支援ツールへ，生産部門の生産性向上から知識・サービス部門の生産性革新へ，データニーズからデータ＋画像＋放送などへ，業務ニーズから全生活ニーズへ，生産大国から生活大国へ，ソフトウェア開発からソフトウェア選択へなどである．

そして数年，ソフトウェア技術や事業形態は，オープン化の嵐の中でさらに進展を続けた．「多様化」と「グローバル化」と総括してもよいだろう．市場のグローバル化・多様化，開発形態のグローバル化・開発集団の多様化，マルチメディアなどソフトウェアによる処理対象の多様化，WS（ワークステーション），PC，ポータブル端末など処理装置の多様化，要素ソフトウェア市場の拡大に伴う流通のグローバル化・供給業者の多様化，コミュニケーション手段としてのネットワークの多様化などである．

1.3.2 勝敗を左右する能力
(1) 日本のソフトウェア産業の国際競争力

こうしたソフトウェアの変化の中で，日本のソフトウェア産業競争力は低下していった．

ある産業分野の国際競争力を計る一つの尺度は輸出入比率であろう．ソフトウェアはどの程度なのだろうか．実はこの問いに正確に答えるのはなかなか難しい．確かなデータが見つからないのである．一つに JISA（情報サービス産業協会）の調査があり，年によって違うが，輸入が輸出の 10〜30 倍程度と報告されている．しかし，この調査はアンケート調査の集計であり，全貌を表しているとはいえない．JEITA（電子情報技術産業協会）

の調査もある．2000年のものだと，輸出入比率は約100倍と報告されている．JISAの調査より信頼できるかもしれない．とにかく，正確な数字はわからないが，輸出入比率という点での日本のソフトウェア産業の国際競争力は惨憺たる状況にあるといえる．

だが嘆くことはない，との議論になった．石油を例にとれば，輸入100%だが石油を原料とした高付加価値製品を産出できれば，経済的には問題ない．輸入が圧倒的であっても，そのソフトウェアによって，石油と同じように，製品，サービス，社会システムに多大な付加価値を与えられればよい．輸入といっても，パッケージ製品の購入と，オフショアのようなソフトウェア開発・実装の外注では意味が違うかもしれない．でも，いずれにしろ，輸入したソフトウェアや役務によって，高い付加価値の製品・サービス，システムが生み出されればよい．

(2) ソフトウェア分野での競争優位要因の変化

ソフトウェアが変化すれば，ソフトウェアの利用も，ソフトウェアの企画・開発・保守・販売などの様相も変わってくる．事業環境が変われば，当然のことながら競争優位要因，事業収益性が変わる．競争優位要因(Competitive Advantage Factors)とは，競争したときに勝利の要因となる能力，要因を意味する．そして事業収益性(Business Economics)とは，利益の源泉となる事業運営上の側面，能力を意味する．儲けの源泉，利益を支える能力，儲かる理由というような意味で，要は競争優位要因と同義である．

強さというものは環境・ルールに応じて変わる相対的な能力であり，優位であるために必要な能力は，環境が変わればそれに応じて変化する．地球環境の変化によって恐竜が絶滅したように，あるいはスポーツにおいてルールが変わることによって強い選手のタイプが変わるように，状況が変化すれば，競争において優位に立つために必要な能力が変わる．

ソフトウェア界に起きたパラダイムシフトにより，ソフトウェア産業における競争優位要因，事業収益性はどのように変わったのだろうか．V事業部の検討グループは以下のようにまとめた．

① **うまく作る→たくさん売る：ソフト開発の巧みさよりも大量販売能力**
  - 受注大型ソフトは特定顧客に引渡されるから開発プロセスが利益の源泉となる．ソフト製品ではいかに大量に売るかが勝負となる．
  - 魅力商品の企画能力，販売力．使用範囲の広い製品の企画能力，保証能力．

② **高信頼性→価値：超高信頼性よりも顧客から見て価値ある製品の提供能力**
  - ソフトの適用が増えると，安価，デファクト適合，顧客価値などが重視され，いわゆる高信頼性ソフトが競争力の源泉にならなくなる．
  - 創造的魅力商品の仕様確定能力．互換性・両立性確保をねらったデファクトスタンダード化．ソリューションたり得る総合的サービス体制．そして安価．

③ **作る→選ぶ・組み合わせる：自分で開発するよりも市場のソフトを選び組み合わせる能力**
  - 多種多量のソフトが利用できる環境では，自分で開発するのでなく，上手に選択し上手に統合する能力が重要になる．
  - 他人が開発したソフトウェア製品をブラックボックスで検証，評価，選択する能力．

④ **きちんと作る→早く作る：丁寧に作るより多様な小さなソフトウェアを迅速に作る能力**
  - ソフトウェアの適用範囲の拡大に応じ，ERPから組込みソフト，PCアプリ，Webアプリなど多様なソフトウェアのアジャイル開発能力が重要になる．
  - アジャイル開発能力．ソフトウェア検証・評価能力．

⑤ **国内→グローバル：国内のみならず，グローバルに売ることのできる能力**
  - 大量に販売するために，必然的にグローバル市場を視野に入れる必要がある．世界に売れなければ利益が薄くなる．

・世界に売れる商品の企画・販売能力．

（3） 求められるコアコンピタンス

ソフトウェア産業を取り巻く環境の変化によって，競争優位要因が，前項目(2)の①～⑤に記したように変化したとすると，ソフトウェアを生業とする組織にとっては2つの能力が重要となるだろうと，検討グループは考えた．

第一は，前項目(2)の，①大量販売，②顧客価値，⑤グローバル化を支える能力としての企画力，販売力である．それは，ニーズの感知・認識の能力，使用条件・環境条件の理解，製品・サービスのコンセプトを定義する能力，世界市場を相手のマーケティング・販売力である．このためには，いわゆる「品質」概念の拡大が必要であり，「顧客にとっての価値」，狭義の「品質」を超える製品・サービスの特徴という視点が重要となる．すなわち，顧客ニーズの高度化・成熟化，顧客の多様化，品質の総合性（Q, C, D, S, E, ……）などに対応する，品質概念の高度化・多様化・総合化が必要である．

第二は，前項目(2)の，①大量販売，⑤グローバル販売，③選択・統合，④アジャイル開発を支える能力としての，ソフトウェア検証能力である．

すなわち，グローバルに大量販売できるために「いつでもどこでも使えるかどうか」を確認する技術が必要であり，選び組み合わせるために「選び組み合わせたものが使えることを確認する技術」が必要となり，さらにアジャイルに開発するためには中間製品を的確に評価するための検証技術が必要となる．

ソフトウェア業界を取り巻く環境の変化に応じて，以前にも増して重要となる能力は他にもあるかもしれないが，少なくとも「企画力，販売力」と「ソフトウェア検証能力」の2つは重要であるに違いないと，検討グループは考えた．そして，ソフトウェア検証事業に本気で取り組むことが，こうした事業環境の分析と，その分析から導かれる重要能力の視点からも当を得たものであると確信した．

(4) 検証に必要な能力

　きちんとした考察を経ても，ソフトウェア検証が有望な事業といえそうだとの結論にゆるぎはなかった．検討グループは次に，検証事業に必要な能力を明らかにすることに取り組んだ．これもわかっているつもりだったし，その線で事業を拡大してきたのだが，改めて論理的に導いてみた．

　その結果，効果的・効率的な検証を可能とする優れた検証技術とは，以下の3項目に整理できそうであることがわかった．

① 検証対象に求められる特性を理解し，妥当な検証基準を定める
② 効率的な検証のために，検証対象の「弱み」を知っている，または知る方法を有している
③ 現実に検証・評価する方法，環境を有している

　第一は，検証対象の要求特性の理解と妥当な検証基準の設定である．そのためには，検証対象の仕様を理解できて，その妥当性を判断できなければならない．また，検証対象に対して常識的に要求される事項に関わる知識を有していなければならない．

　第二は，検証対象の弱みの理解である．効率的な検証のためには，検証して意味のある特性・特徴について評価してみなければならない．検証する前からよいことがわかっているなら検証の必要はないし，不具合があることがわかっているならこれまた検証の必要はない．危なそうなところを確認してみるという視点が重要である．

　そのためには，検証対象がどのような脆弱性を持っているか，さまざまな情報からおおよそわかっていなければならない．さらに，それがどのようなときに起こるか，その状況・条件をそれなりに知っていなければならない．

　第三は，検証・評価の実施である．そのためには，検証に必要な環境を構成するハードウェア機器，ソフトウェアなどを有していなければならない．また，効率的に検証を実施する手順を知っていなければならない．さらに，期待結果からの乖離があったときの効果的・効率的な分析方法を知っていなければならない．

（5） 検証コア技術

前項目(4)であげた能力を実現する検証コア技術は，以下のような体系から構成されると整理できる．

① 検証対象の性質に応じたテスト設計技術
  - 検証対象の特徴を知る技術
  - 評価すべき特性の体系に関わる知識（ストレスに対する強度・頑健性，多様なシステム構成における互換性・両立性，セキュリティ，障害対応性など）
  - 検証対象について想定される「弱み」に応じたテス条件の設計技術

② 検証に必要なハードウェア，ソフトウェア環境
  - 多種多様なハードウェア，ソフトウェアの保有
  - ネットワーク環境の実現
  - 検証対象に意図した負荷を与えることができる環境の実現

③ 検証対象ソフトウェア領域の適用性に関するドメイン知識
  - デファクトの理解（流儀，常識的手続き，大勢）
  - ドメイン固有のコンプライアンス（法律，慣習，ルールへの適合）

1.3.3 わが社はこれで勝負する

（1） 検証コア技術の実現

検証事業の展開に必要な「能力」が明らかになってきたが，これらは検証事業において必要な一般的な能力である．Ｖ事業部としては，自らの強み，弱み，特徴，沿革，組織風土，価値観などを考慮して，どのような能力をテコにして事業を営むのか明らかにしなければならない．

1.3.2項の第(5)項目の「①検証対象の性質に応じたテスト設計技術」については，Ｖ事業部が数年以上にわたって続けてきた「検証理論研究」が武器になりそうである．紆余曲折はあったが，検証対象の仕様を読むノウハウは蓄積されてきた．また，システムテストカテゴリと称する，ソフトウェアの総合テストの体系を整理してきたおかげで，評価体系に関わる社内標準ができていた．さらに，検証対象の「弱み」を論理的に推測する方法として，未熟なものではあったが，リスクベースのテスト設計法が社内

ガイドラインとして存在していた．

　同様に，「③検証対象ソフトウェア領域の適用性に関するドメイン知識」についても，①のための社内標準，ガイドラインの整備と並行して，ノウハウ集として蓄積されていたものを再整理することによって事業部内で知識の共有を図った．

　一方，「②検証に必要なハードウェア，ソフトウェア環境」については容易ではなかった．これまで事業を続けてきたので，それなりの環境は整備されていたが，それでは十分とはいえなかった．こうした環境を一つのソフトウェア会社が内部に整備することは難しい．特にハードウェア環境をほぼ完全に整えるのはきわめて難しい．購入していたら，多額の費用，膨大なスペースが必要となる．本来は，国家レベルで，ソフトウェア産業全体のために，ひいてはわが国産業力基盤充実の一助のための検証インフラを構築すべきある．さらに，ソフトウェア製品認証，互換性検証の環境を整備することも必要である．しかしながら，そのような社会インフラ，産業基盤は整っていなかった．

　そこでⅤ事業部は，検証協議会というような業界団体を設立することを考えた．これは，この協議会に所属する企業が，ハードウェア，ソフトウェア環境などの検証インフラを互いに融通し合い，また検証技術の相互啓発の場を提供することによって，業界全体の成長を促進することを目的とするものであった．業界そのものが未成熟のときは，内部でシェア争いなどしている場合ではなく，ソフトウェア検証という事業そのものの確立・発展を図るべきであり，当を得た施策であった．この協議会はまた，検証におけるアウトソーシングのあり方に関わるビジネスモデルの確立にも貢献した．

(2)　検証事業戦略

　Ⅴ事業部は，ここまでの考察を経て，ソフトウェア検証とは，ヒトが作ったものを的確にテストするビジネスであることを再確認した．ヒトが作ったものを理解しなければならないので，かなり賢い企業でなければできない事業である．また，実際に動かして評価するので，かなり手作業を

必要とする事業でもある．そして，こうした特徴を持つ検証事業を進めるに当たっての戦略を定めた．それらは以下のとおりである．

① 検証技術の高度化
② コスト優位性の確保
③ 顧客開発支援事業への参入
④ 仕様検証事業への参入

第一は，いうまでもなく，検証技術の高度化である．「頭を使う」仕事なら「賢い」企業になろうということである．検証計画を高度に知的なプロセスと位置づけて，人海戦術によるしらみつぶし検証の対極にある，アブナイところを的確に突く賢い検証のための体制を整備しようとした．基盤としてのハードウェア環境，ソフトウェア環境の整備，評価体系の洗練，リスクベースの検証計画策定，ドメイン知識の体系的集積など，「検証理論研究」を核として社内の知的インフラ整備を精力的に続けている．

第二は，コスト優位性である．かなりの手作業を要する側面のある事業に対応する戦略である．手作業に生きる検証会社へのアウトソーシングによる安価な人件費の実現，自動テスト技術・機械化の積極的導入，そして賢い検証による工数削減を行う．Ｖ事業部にとっては，これまで数年の努力によってこれらの施策は現実的なものであった．

第三は，顧客開発支援事業への参入である．もともと社内他部門の支援をしてきた経験があり，また数年の検証事業の過程で努力してきた検証報告書の質的向上の経験から，ソフトウェア開発プロセスを「横から支援する」方法論を体系化できる組織能力は醸成されていた．これをテコにしようということである．

第四は，仕様検証事業への参入である．これも社内他部門に対して実施してきた経験があり，何よりも数年の検証事業の過程で，「仕様書を読む」ことをいやというほど経験してきて，相当なノウハウが蓄積されている．これをコア技術にして事業展開しようということである．

いかがであろうか．当時は，これらの戦略が正解かどうかは不明だった．近い将来までの事業環境の変化を見据え，自己の特徴・能力を過不足なく理解した上で策定したので，それなりの納得感はあった．当時か

ら10年を経た現在も基本的に同じビジネスモデルで事業を展開していることを考慮すれば正解だったのだろう．しかし，それは当初想定していなかったような事象が起きつつあるとき，その変化しつつある環境で「自社が持つべき能力」を考察しつつ自らを変えてきた結果でもある．

1.3.4　身近なことで能力について考えてみる
（1）　草野球の勝機はどこに

ソフトウェア検証事業の話題から離れて，他のさまざまな例で「能力」について考えてみよう．勝負を決めるものは何か．すべてに優れていなくてもよい．相撲でいえばずっと勝ち越すために必要な能力が何かを見抜いて，その能力を獲得し維持することが重要である．重要なことは，どのような事業環境においても，有すべき能力のすべてにおいて一流である必要はないということである．事業領域の特徴に応じて，また自己の特徴を考慮して持つべき能力を考察し，強化すべきである．

スポーツで考えるとわかりやすい．ゴルフがうまくなるためにどうすればよいか．ドライバーが遠くへまっすぐ飛んで，アイアンの距離が正確で方向性がよく，アプローチが上手く，パットの距離感と方向性がよかったら，これはもうプロ級である．だが，すべてが得意というケースはほとんどないだろう．自分の特徴を過不足なく理解して何を強くすべきか考えるに限る．

もし，草野球チームの監督を引き受けたらどうするか．草野球の勝機はどこにあるか．大学においては，ときに研究室対抗の野球大会などが催される．野球とはいえ，軟球で遊ぶ程度，主に修士の学生が勉学の合間にやるだけだからレベルは知れている．だが，これを競争の場と考えて，現有戦力でどこまで戦えるかを考えるのはおもしろい．

私の研究室にいた助手はそれをやり，30チームほどのトーナメントで優勝や準優勝を勝ち取ってきた．

この手の草野球での敗因の多くはフォアボールである．簡単に盗塁を許してしまい大量点を取られてしまう．そこで，まずキャッチャーには一番上手い者を当て，盗塁阻止を重視する．したがって，セカンド，ショート

には，キャッチャーからのボールを，たとえショートバウンドでも処理して，ファーストからの走者を刺せる者を配する．ピッチャーにはコントロールのよい者を当てる．速球自慢がいても，普段から練習していないと四球，パスボールの連続となる．球は遅くても，ストライクの取れる者を当てる．できればカーブも投げられた方がよいが，重要なのはコントロールである．真ん中をねらって投げさせれば，適度に散らばって相手が的を絞れずちょうどよい．

　守備は重要である．それなりに守れるように練習はする．何せ軟球だから，当たっても痛くないことを実感させ，身体やときには顔を張って打球を後ろにそらさないように練習をする．

　打つ方は軽視である．短い練習時間で最大の効果をあげることを考える．少しお金はかかるが，バッティングセンターに行って，70〜80km程度のゆるいボールを気持ちよくミートする練習をする．110km以上の，素人にとって速いボールを打つ練習をしても何もならない．

　塁に出たら，とにかくどん欲に進塁させる．セミプロと試合するわけではない．勝機がどこにあるか見定めて，それなりのことをすれば，それだけで好成績が期待できる．事業では，これがもっと複雑になるだけで，思考様式としてはほとんど同じだと思う．

(2) マンション建築・販売の事業収益性

　今から30年ほど前に，アメリカ流経営戦略論の専門家に，事業収益性という概念を教えられた．

　TQC(Total Quality Control，総合的品質管理)が盛んな頃，経営戦略論とTQCの目玉である方針管理を融合させることによって，双方の専門家にとって益することになろうという思惑から議論する機会があった．そのとき，事業収益性に関するクイズもどきの問題を2題出された．

　その第一は，マンション建築・販売における利益の源泉はどこにあるか，というお題である．マンション建設・販売事業では，土地を手当てし，マンションを建設し，販売をして売上げになる．投資から回収までのこのリードタイムを短くすること，これが利益の源泉になる．では，回収

期間を短くするにはどうすればよいか．売り出したらすぐ売れるような物件を提供することである．

そのために必要な能力は何か．もちろん質，品位，あるいはブランドが重要だが，案外重要なのは値付けである．買いやすい価格に設定できるプライシング能力である．この出題に対しては，ほぼ正解できた．

第二のクイズは，アパレル産業の事業収益性は何かというものであった．新デザインの服の企画，製造，販売のビジネスプロセスにおいて何が優れていればよいのだろうか．売れる服の企画力だろうか．もちろんそれもあるだろう．だが，意外な側面がある．売れ残ってしまい"Sale"，"50% Off"，"70% Off"などの値札を付けて叩き売らなくても済むようにすることが重要なのだそうである．

そのために必要な能力は何か．流行予測能力ではないかと思ったが，それは不正解だった．あるに越したことはないが，この能力を持ち続けることはきわめて難しいのだそうだ．もっと現実的な能力は流行追随能力だという．売れ行きがよくなってきたら一気に作り，伸びが鈍化してきたら，さっと生産を止めてしまう能力である．これは縫製業者と良好な関係を持つことによって実現できる．

同じようにして，量産の乗用車の競争優位要因を考察してみると，参入障壁がきわめて高いことがわかる．利益の源泉は，大量に売る車の製造コストと価格の差にある．詳細は省くが，企画～設計～生産技術～製造に関わる総合技術力で強さが決まるのである．どう考えても，世界の乗用車業界は合従連衡が進み，いずれ数グループに統合されるだろう．

(3) 共通の病巣

競争優位要因に関連して，2つの企業での興味深い体験を紹介しておこう．それは，高収益のA社とじり貧企業B社の話である．

A社は大変儲かっていた．今もそうである．健全な利益を上げ続け，将来有望な製品を扱っている．製品の性格，取引先との関係から，ここしばらくは売上げの確保について基本的には心配はいらない．技術的にも優れたものを持っていて，マジメに製品改善，工法改善を行っていけば，何の

心配もいらないように思える．

　ところが社長だけが現況を憂えていた．自社の役員と懇談をしてほしいという．妙な要請である．具体的課題が提示され，その課題を構成するいくつかのサブテーマについて議論してほしいというのではない．だが，懇談してみて，社長の懸念の理由がわかった．

　どう話を切り出してよいものかわからなかったので，「なぜ儲かっているのですか」と聞いてみた．これには，当然のことながら「売れている」，「商権がある」，「妥当な原価に抑えられている」などの答が返ってきた．それはよい．

　次に「儲かる理由となっている能力は何ですか」と聞いてみた．すると答えが怪しいのである．結果的に売れているとか，結果的に利益を確保できる原価を実現しているという理由はいうのだが，「それを可能にしている組織能力は何ですか．それを将来も持ち続けるためにはどうすればよいですか」との問に納得できる答えがないのである．さらに，「将来にわたって末永くこの成功を享受するために起きてほしくないことは何ですか．どのような問題に足をすくわれると思われますか」と質問してみたが，やはり明確な答えはなかった．

　一方で，B社は，今にもつぶれそうである．重大クレームが起き，商品は売れないし，高コストで利益も出ない，従業員のやる気がなく，何をやってもうまく行かない．「貧すれば鈍す」とはよくいったもので，何かしなければいけないのだが，先立つものが不足しているので，どうしてもリターンが確実な「見えている」機会にのみ投資しようとして，みすみすチャンスを逃したりしている．

　思考が萎縮しているから，よい知恵が出ない．それでも経営層は必死だから，問題解決に血道を上げている．だが，問題が多すぎて，限られたリソースでどこから手をつけてよいかわからない．そして，奇特な役員が相談しにくる．どの問題から手を付ければよいか教えてほしいと．「そんなことをいってはいけないことは承知している．どうしようもない手詰まり状態でも何かできるはずで，どこから手を付ければよいか，考え方のヒントをほしい」という．

この会社は救いようがないように見えるが，安心してほしい．本当に存在していたらとうの昔につぶれているだろう．実は，反面教師会社3社ほどを，あたかも一つの会社のようにして語っているだけで，クレーム，売れない，コスト高，意欲なしとすべての条件を一社で担っているわけではない．この奇特な役員にはこう申し上げた．

「まず，諦めましょう．手品があるわけでなし，限られたリソースでできることはたかが知れているので，じっくりと重要な問題だけに手を付けましょう．下手なモグラ叩きのようなことをやっていますが疲れるだけですから止めましょう．やってもやらなくても大差はありません」

「お話はわかりますが，その重要な問題というのがわからずに，やたらと動き回り消耗し，あげ句の果てにやる気がなくなってしまいます」

この両社の病巣は共通である．「あるべき姿」がわからないのである．

A社にとって，あるべき姿がわからないから，儲け続けるための条件がわからない．B社にとっては，あるべき姿がわからないから，どの問題から手を付けてよいかわからないのである．

問題・課題とは，あるべき姿と現実とのギャップである．そのあるべき姿がわからなければ取り組むべき問題・課題もわからないのは理の当然である．

その「あるべき姿」を考察するにあたり，「競争力」の視点でとらえたものが「競争優位要因」である．ある事業領域で優れた組織であるために，どのような能力を持ち合わせていればよいか，これを認識して，競争優位のための品質経営を考察するのが本書のねらいである．

(4) 日本人の競争優位要因

競争優位要因について異なる視点から考えてみたい．ある事業環境で優れているために必要な能力を考えるのでなく，自分の特徴のうち競争優位要因にできるものは何かを考えてみたい．

成熟経済社会において成功するために，日本人の特徴のうち，競争優位要因になり得るものが何か考えてみたい．日本の産業競争力再生のために，何をテコにして強くなるか，何が日本のコアコンピタンスになり得る

か，何を強みにできるか考えてみたい．

　日本人の面目躍如たる特徴は「未定義でも前進できる精神構造」ではないかと思う．定義できていなくてもそれを受け入れられる，何ともだらしないというか，図々しいというか，いい加減というか，この精神構造を強みにすることを考えたい．定義する能力を強化すべきだが，一方では，定義していなくても前進できるという強みを活かしたプロセス管理，質を作り込んでいくシステムを作っていきたいと思う．

　この特徴はさまざまな場面で競争優位要因になり得る．希薄な「契約」概念は欠点になり得るが，一方では，仕様が一部未確定でも前に進む図々しさ，度胸，いい加減さ，諦めにつながり，これが強みにつながる．決まっていなくても仕事が進み，確定するに従い，少しは手戻りがあるが比較的短納期で仕上げてしまうプロセスの運営は，日本人の独壇場だろう．

　変更対応も同様である．受注側は誰でも，発注側は要求する変更は嫌である．しかし，開発中に変更が頻発するような製品分野での，日本人の相対的競争力は世界一かもしれない．

　日本の自動車産業の成功要因をどこに求めるかは議論のあるところだが，ある一面が「すりあわせ」にあるといってよい．さらに，コンカレントエンジニアリングを容易にしたものは，未定義でも進める精神構造を有する関係者が，互いに価値観を共有できる仕組みを持ち，未定義でも進行し変更へも柔軟に対応できるプロセスを運営しているからであると考察したら，それは誤りだろうか．この精神構造を生かしたマネジメントシステムを確立できれば，これは競争力に直結する．

　日本人の競争優位要因の候補として，「こだわり」，「縮み思考」もあげておこう．住所表示（東京都→文京区→本郷→7－3－1）に代表されるような上位から下位へ，大きなものから小さなものへの視点の推移，すべからく小さなものを美しいと思う「縮み思考」，細かなことへのこだわりは，工業において明らかに競争優位要因になるだろう．かつての日本が旺盛に持っていた「こだわる，きわめる，徹底，勤勉」という価値観は，日本人だけの専売特許ではないが，今でも世界で上位に位置しているだろう．消えてなくなるまえに，次の世代にきちんと継承していきたい，日本

の特質，競争優位要因であると思う．

1.4 システム化とは

1.4.1 思いを形に

システム化とは，「能力を，反復して使えるように QMS に埋め込むこと」，あるいは「いつでも，誰でも，どこでも必要なときに必要な能力を使えるようにすること」である．

ここでいう「能力」とは，1.3 節で説明した能力，すなわち，組織が持つ特徴を活用して競争優位の顧客価値を提供できるようにする能力である．

1.4 節における文中では，これらの関係(構造)を正確に捉えられるように，例えば，後述の図表1.7にあるように，一貫して「特徴」，「能力」，「能力のシステム化」，「顧客価値」と表現している．

システム化によって，仕掛け，仕組み，方法，方針，手順・基準・標準などを通して，組織が有する能力を確実に実現できるようになる．その対象は，以下の2つの側面から考えるとよい．

① プロセス面
② リソース面

プロセス面とは，例えば企画，研究，設計・開発，購買，製造・サービス提供，販売，アフターサービスなどのプロセス，活動，価値変換である．

リソース面とは，例えば人的資源，インフラストラクチャー，知的資源，財務資源，業務環境，パートナーなど，必要に応じてプロセスに供給され支援する要素，基盤，環境，条件である．

システム化を行う際の一般的な留意点としては，以下のようなことがある．

1) システム化すべき能力は組織の特徴を活かしたものにするよう心がける
2) システム化の基本手順は，あるべき姿を明確にして，これと現状と

のギャップを埋めるように進める．そのギャップには経営者の思いと現実とのギャップも含む
3) 今起きている変化とともに，これから起こりそうな変化も考慮する
4) 革新を伴うことにより一層の効果を期待できる場合があることを理解する
5) 組織が有すべき競争優位要因に関連する事項に焦点を当てる

以降に紹介する事例を通してこれらのことを考えてみてほしい．

1.4.2　能力を確実に発揮するためのT社のシステム化

　システム化の意味，意義，方法の理解のために，2つの事例を紹介する．
　最初の事例は，2代目の若い社長の才覚で順調に経営してきた小規模な組織が，ある日突然，その限界に直面し，これをシステム化で乗り越えようとしている進行中のものである．システム化の原点を示唆する事例として紹介する．

(1)　T社の概要

　T社は，自動車部品用ゴムパッキン（図表1.6）を打ち抜き加工して大手の自動車部品メーカーに納入する東京都内にある町工場である．

図表1.6　T社の製品

第1章　事業を再考する

　約60年前にゴムベルトの販売会社として創業した社歴の長い企業であるが，T社は，顧客からの薦めで，約20年前から現在の打ち抜き加工を行うようになった．その後，社長も2代目になり，若い社長は生産管理のためのコンピュータシステムを開発してこれを導入するなどして，T社の経営に新しい風を吹き込んだ．

　このシステムは，T社の特徴である「小回り性」と相まってT社の競争力となり，「夕方の6時に電話で注文をいただいても，次の日には製品を九州に納品できます」を謳い文句に，安定した受注を獲得できるゴムパッキン加工メーカーに成長していった．

　T社製品の流通（使用）枚数は都内ナンバーワンとなり，生産量が増えてスケールメリットも出て，低コストで提供することができるようになった．

　それだけではなく，材料業者に対する影響力も大きくなった．そのため，材料メーカー・材料商社・T社の三位一体となった提案営業活動も可

特徴	能力	顧客価値
① 小さくて小回りがきく ② 家庭的な組織風土 ③ アウトソース先との緊密な関係	① 夕方に注文が来ても翌日に納品できる能力 ② 小さいロットでも工程を混乱させない能力	① 小ロットでも短納期で対応してくれる ② 急ぎや飛び込みの注文に確実に対応してくれる

能力のシステム化

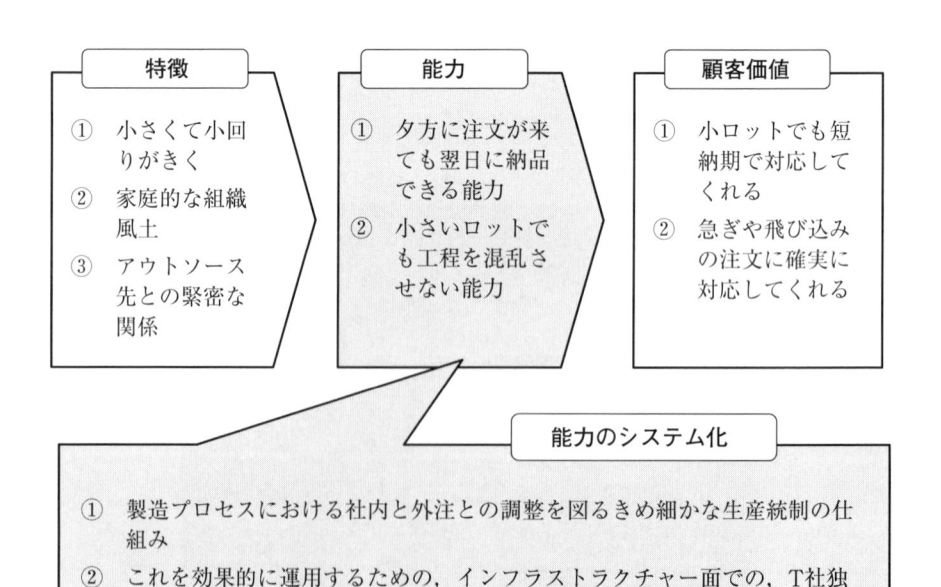

① 製造プロセスにおける社内と外注との調整を図るきめ細かな生産統制の仕組み
② これを効果的に運用するための，インフラストラクチャー面での，T社独自のコンピュータ管理システム

図表1.7　好調時のシステム化の状況

能となり好循環のサイクルが回るようになってきた．

ここまでは，町工場ゆえに持っていた小回り性という特徴を使って，小ロットの注文でも短納期で納入できる能力をいつでも誰でも発揮できるように，独自のコンピュータシステムを開発・導入してシステム化をすることで成功をした例といえる．このシナリオを図表1.7に示す．

しかし，あるとき，この事業スタイルが通用しなくなった．

(2) T社の限界直面と社長の決意

その予兆は前からあった．年に数回，顧客から不良品の混入の苦情がきていた．大手の自動車部品メーカーでは，10万個に1個の不良でも許容しない．その都度，社長は懸命に原因を追究して再発防止対策を打ち，顧客にもその回答をして凌いできた．そして結果として増えていくのは全数検査の頻度であった．

売上も増加し，T社の持つ生産能力目一杯で突っ走っているときに，そのときはやってきた．苦情が数件連続発生したのである．社長，従業員ともに朝早くから夜遅くまでかけずり回っている現状で，これらの苦情に十分に対応する時間は確保できない．顧客もこの事態に心配になってT社を訪問し，このような状態では取引停止も考えざるを得ないと宣言された．不眠不休の対応の苦しさの中で社長は「絶対に不良をなくそう」と，次のことを決意した．

① 「全数選別というがんばり」だけでなく，製造プロセスの中で不良が出ない仕組みによって仕事ができるようにする
② そのためには自分も従業員も意識を変える

このときの状況をシステム化の視点から見ると，T社はこれまでは「小回り性」を武器にし，「任せておけば大丈夫という信頼感」という顧客価値を提供することでT社の事業は成立していた．しかし，この信頼感を与えるための能力の一つである「不良品を作らない」能力のシステム化が遅れていたのである．

(3) 社長の挑戦

　社長がまず実施したのは，原料の受入から加工，包装，出荷の全工程の工程図の再作成であった．製造作業だけでなく，コンピュータ処理などを含む事務作業も対象にした．そして全体を俯瞰しながら，それぞれの工程でどんなことが起きてはいけないのか（リスク）と，これを発生させないためにどういう状態になっていなければいけないのか（あるべき姿）をこれまでの経験・知識を絞り出して書きとめてみた（図表1.8）．

　次に，この調査結果を持って自ら現場を歩いてみた．「自分は何と現場を知らなかったことか……」と社長は後に語っている．

　例えば，作業中に材料が不足したときの補充の仕方一つとっても，ルールが決まっておらず，作業者ごとに違っていた．異品や不良品が混入しそうで，いかにも危なっかしい．

　機械のクセごとに治具を変えていたことなどもわかった．そのため，機械の変化を元に戻さずに，基準がどんどん変わってしまって本来の基準がわからなくなってしまっている．このような例が散見された．

　かといって，現場に張り付いて自分が指揮することは現実的ではない．

工程	起きてはいけないこと（リスク）	あるべき姿	現状とのギャップ
材料受入	板厚のばらつきが大きいと後工程で「切れ不良」につながる	板厚が注文どおりのものでばらつきのないものを受け入れる	ばらつきまで意識していない
材料保管	①異品種材料の払い出しが重大不良につながる ②長期の保管は変質してしまう	①品種を間違えない置き方になっている ②納入日の早いものから使う	①間違えやすい ②先入れ先出しができるようになっていない
受注入力	在庫，仕掛かりの確認をしないと納期遅れにつながる	在庫，仕掛かりのデータに間違いがない	今のところ大丈夫そうだが，予防処置は必要かもしれない
プレス	①圧力不足はバリ，過圧力は金型破損につながる ⋮	①適切な圧力で作業ができるようになっている ⋮	①治具で調整していた ⋮

図表1.8　工程別調査結果

社長としてやらなければならないことは山積しているのだから．こうした現実を直視して，ますます「仕組み」として動かすことの必要性，重要性を痛感した．

(4) 品質管理の仕組みを生き返らせる

このように工程内で不良を出さないための自社の仕組みの「あるべき姿」を把握した上で，現場での現実とのギャップを明確にすると，ゴムパッキンを加工するための仕組みが見えてきた．

ところで，前述したとおり，T社はこれまでも何度か不良を流出して，その再発防止のための作業手順書も多数できているはずなのでこれを集めてみた．改めてこれらを見ると，多くは社長があげた「あるべき姿」であったが，そのときは活用しても「のどもと過ぎれば熱さを忘れる」のケースになっているものが多い．手順書を作ったことを忘れているものもあった．

つまり，品質管理システムの「かけら」はあちこちに存在するのだが，いつでも誰でもできるようにはなっていなかった．品質管理システムを有機的に運用するための仕組みが存在していなかったのである．

品質管理の仕組みといえば，ISO 9001の認証取得を契機に作成したQC工程表もあるのでこれも引っ張り出してみた．しかし，社長が今回確認した内容に照らし合わせてみると不十分な点がたくさんあった．さまざまな不良に対応して，そのたびに標準化してきた作業手順や指示書も，ばらばらには存在しているのだが，これらはこのQC工程表には反映されず活かされていない．

そこで，これらの手順書類を，作業のポイントが一目瞭然になるような様式に統一して作成し直し，QC工程表からのつながりも明確にした．さらには，その工程ではなぜそう実施しなければいけないのかということがわかるように，各工程で起きてはいけないこと(リスク)や過去の失敗例も併記するようにした．

これらにより，形骸化していた当社の品質管理の仕組みは生き返ってきた．従業員がこのとおりに作業してくれて，工程の改善と同期して標準類

がメンテナンスできるようになれば，社長は製造工程の現場管理を従業員に任せて，社長本来の仕事に専念できるはず，と一息ついた．しかし，これだけではまだ安心できない……．

(5) 従業員の意識改革

以上のようにして，全数選別に頼らない「絶対に不良を出さない仕組み」は，QC工程表とこれに引用される標準類という形をとって着実に構築されていった．

しかし，これを使う従業員の意識が変わらなければ，また形骸化した仕組みになってしまう．ルールはできたが，これを守る人たちのルールに対する意識が変わらなければならない．長年の仕事の中で身についてしまった「個人個人でうまくやっていく（つもりの）やり方」にどっぷりつかった人たちの意識を変えなければならない．

前述のように，この仕組み作りのきっかけとなった顧客への不良の連続流出を受けて，顧客による監査があった．このとき，品質管理の仕組みだけでなく，作業場の状態も「きたない」と最低の評価をされてしまった．

現場の乱雑さは，T社を訪れた経営コンサルタントにも指摘され，改善のためにそれなりの努力をしてきたつもりである．とはいえ，「所詮は町工場，狭いのだから仕方ない」とあきらめているところもあった．

知り合いを通じて5Sの専門家にアドバイスを依頼したところ，「まずはいらないものを捨ててください．残ったものを空いたスペースにルールを決めて置いてください．それから床には通路線を引いて下さい」など細かい指示を受けた．このとき社長は，説明を受けた中で見せてもらった「捨て方・置き方の基準」がなぜか気になって，これをもらっておいた．

いわゆる「5S」の改善活動を本格的に始めてみると，社長も思ってもいなかった意外なことが起きてきた．

一つは，もらっておいた「捨て方・置き方の基準」（図表1.9）を従業員に渡すだけで一気に改善が進んだことである．今までは「きれいにしなさい」と連呼してもなかなかできなかったが，基準を示すだけで自ら進んで改善ができるようになったのである．

また，床に通路区画線を引いただけで無意識に通路の真ん中を通っていることに驚いた(図表 1.10)．ルールに従って仕事をするという意識が自然に醸成されてきたのである．小さなシステム化かもしれないが，象徴的な例である．ルールを守らせる仕掛けといってもよいだろう．頭(言葉で)で

使用頻度	捨て方・置き方
3年以上未使用	捨てる
1年以上未使用	捨てる検討
6カ月～1年で使用	遠くへ置く
2～3カ月で使用	職場内にまとめて置く
1カ月に1回程度使用	職場内近くに置く
週に1回程度使用	作業域内の近くに置く
毎日使用	作業域内に置く
毎時間使用	身につけておく

図表 1.9　捨て方・置き方の基準

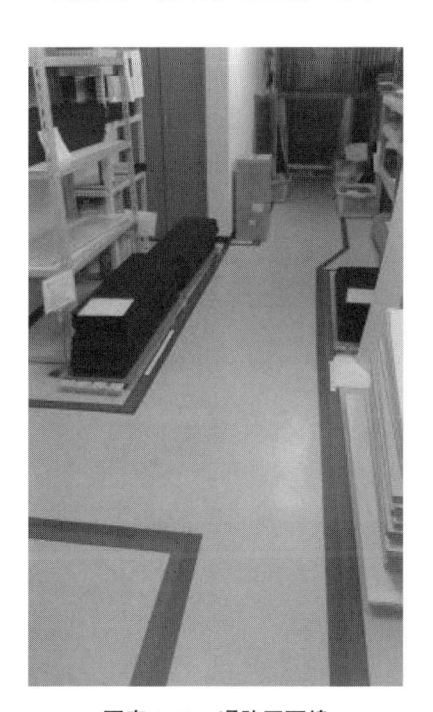

図表 1.10　通路区画線

「ルールを守りなさい」といってもなかなかその気にならないのだが，何かの行動と一緒にすること，小さなすぐやれることから改善意識を植え付けることで，改善が進んでいく．T社は今こんな活動を通して意識改革も進めている．

(6) ギャップを埋める計画

社長は「あるべき姿」と現状のギャップを把握し，ここから出発してギャップを埋める努力をしてきた．実はこのとき，お金や時間を考えるとすぐにはできないこともあった．

加工工程には，安定した品質を得るために，あるポイントとなる作業があり，この作業にはハード面（インフラ面）でのシステム化で歯止めをかけたかった．T社は以前から公的機関とのつきあいもあり，この関係を利用して，このハード対策をテーマとして経営革新計画を立案し，これが東京都で承認された．これで公的資金も調達できるようになり，1年後を目標にこの対策も推進中である．

1.4.3 事業の大転換を実現するためのW社のシステム化

次の事例は，中堅グループ企業の一事業部（工場）が，10年の間に部品下請け業から自社オリジナル製品メーカーへと，失敗を乗り越えながら変身をとげたというものである．システム化という切り口から，その成功と失敗の要因を解き明かす．

ここで，本書でいう「成功」の意味をもう一度確認しておこう．成功とは，大きな利益をあげること自体ではない．成功とは，顧客に対して顧客価値を確実に提供できるようになり，その結果として適正な利潤を上げることができている状態のことである．

また，失敗とは，顧客に顧客価値をうまく与えることができずに，結果として売上や利益確保につながっていない状態である．

(1) W社の概要

W社は，群馬県にある住宅機器・備品，各種建材を製造・販売する従

図表 1.11　W 社の製品(レンジフード)

業員約 250 名の，国内 3 工場，2 営業所と，海外関係会社 3 社を擁する地場のグループ中堅企業である．

　この事例で登場する組織は，その中の一つ，N 工場(レンジフード事業部)である．N 工場は，約 80 人の従業員が働くキッチンにあるレンジフード(図表 1.11)の製造工場であり，その製品のおよそ半分は自社オリジナルブランドで販売されている．

　しかしこれは以前からそうだったのではない．かつては家電や自動車などの部品の板金下請け加工業を営んでいたが，この 10 年で変身をとげたのである．この道のりは決して楽なものではなかったが，これを「システム化」に焦点を当てて振り返ってみたい．

(2)　板金加工下請負業者から OEM 製品メーカーへ，そして撤退

　W 社は，その板金工場時代は，顧客の海外移転が加速する中での受注減とコストダウンのプレッシャーで，なかなか利益を上げることができなかった．夢は「下請けを脱して自社ブランド製品を開発し，これを自分のペースで製造・販売すること」であった．

　そんなある日，県の紹介であるレンジフードメーカーの OEM 製品の製造ができないかという相談が舞い込んだ．下請けには変わりないが，製品を作ることで現在の状態が好転するのではないかという期待をもってこの委託生産を受け，これを足がかりにして顧客も増やしていった．

　ところが，この選択は過酷な結果となって返ってきた．この客が倒産し

第1章　事業を再考する

たのである．レンジフードメーカーとして継続するかどうかの岐路に立ったW社は，関係企業の応援を得て，継続の道を選んだ．しかし，やはり量をこなさなければ利益は出ないと判断して，ある住宅機器メーカーのOEM供給をするようになった．

この間にW社が懸命に行ったことは，レンジフードを量産できるようにするためのロット生産システムの構築と，新たな電気技術者の養成であった．ところがいくらやっても赤字続きで利益があがらない．このときの状況をシステム化の視点から見ると図表1.12のようになる．

レンジフードの製品としての品質は確保し，この価値は提供できても，OEM商品としての宿命である「顧客の要求するコストで作る」という価値を提供することができなかったのである．言い換えると，そのための能力をシステム化できなかったのであった．

量が多くなればコストは下がるはず，という甘い読みが裏目に出てしまった．やはり周到な用意をしてシステム化していかなければ，大手メーカーの規模メリットには太刀打ちできない．W社の特徴を活かし切った

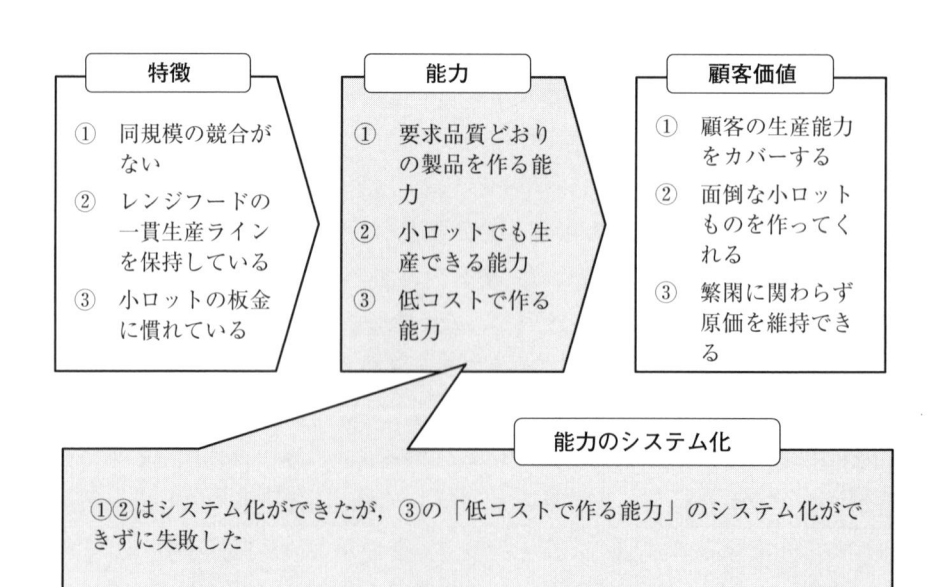

特徴	能力	顧客価値
① 同規模の競合がない ② レンジフードの一貫生産ラインを保持している ③ 小ロットの板金に慣れている	① 要求品質どおりの製品を作る能力 ② 小ロットでも生産できる能力 ③ 低コストで作る能力	① 顧客の生産能力をカバーする ② 面倒な小ロットものを作ってくれる ③ 繁閑に関わらず原価を維持できる

能力のシステム化

①②はシステム化ができたが，③の「低コストで作る能力」のシステム化ができずに失敗した

図表1.12　失敗の時のシステム化の状況

戦略ではなかったともいえよう．結果としてこの住宅機器メーカーへのOEMビジネスからは撤退することになった．

(3) OEM製品メーカーから特注対応製品メーカーへ（成功への道）のシステム化

失敗を反省した経営者は，W社の特徴を改めて考えてみた．

W社はかつての板金工場時代に，ゲーム機メーカーとのつきあいがあった．ゲーム機はデザインが多様で，しかも短期間で次々と変わっていく．

特に当時は，自動車業界で，高級車市場が活況を呈した「シーマ現象」があった時期で，丸みがあるデザインが受けた．従来の板金ではこれに対応はできないのが普通だが，W社は多様なデザインに，小ロットで短納期でも対応できる設備・ノウハウをこのときに手に入れている．

この特徴を使わない手はないだろう．大きな規模の生産では負けたが，大手レンジフードメーカーの手が届きにくい特注対応製品戦略では負けないはずだ．W社はOEM製品供給から特注品供給に戦略を転換して活路を求めることにした．

このときの顧客提供価値とこれを実現するための能力及び特徴の関係を示すと図表1.13のようなシナリオになる．するとOEM戦略のときとはがらりと変わった顧客価値になっていることがよくわかる．

特徴	能力	顧客価値
・かつてゲーム機の板金部品を作っていた ・多品種，小ロット，短納期は得意	・ユーザーの要求を把握できる ・一貫生産ラインで小ロット・短納期に対応できる ・多様なデザイン・仕様に対応できる	① 建築物の仕様にきめ細かく合わせあげる ② エンドユーザー一人ひとりの要望に合わせてあげる

図表1.13 特注製品戦略での顧客価値と能力・特徴の事業シナリオ

第 1 章　事業を再考する

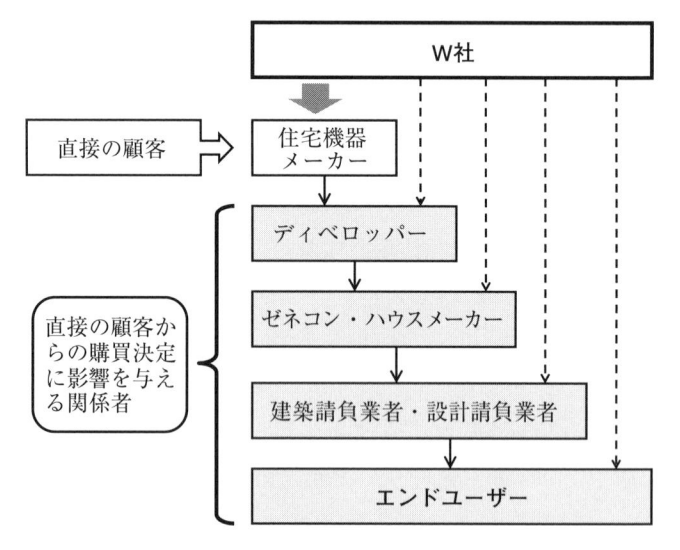

図表1.14　W社の新戦略での顧客構造

　この変化に応じて，ビジネススタイルも変えなくてはならない．図表1.14は直接の顧客から先の顧客を単純化して表現したものである．これまではOEM供給先の顧客の陰に隠れていた，その先の関係者とのアプローチが重要にもなってくる．

　エンドユーザーから情報収集する手段の確保や，全国どこでもカバーできるメンテナンス体制，そして工場内では特注製品を生産するためにはそのたびにラインを停止させなければならないなど，新たな課題が山積している．しかし，もう後戻りはできない．1つずつシステム化を進めていくしかない．

　次にW社がたどったその主要なシステム化の内容を，顧客価値とこれを提供するための能力をキーにして紹介していこう．

① **エンドユーザーに対する顧客価値を実現するためのシステム化**

　OEMメーカーとしてのこれまでは，OEM先の要求する仕様で作りさえすればよかった．しかし，今度は自社の力で安全で使いやすい製品を設計する力を持たなければならない．

　そのためにはレンジフードを使用するエンドユーザーの要求事項を直接

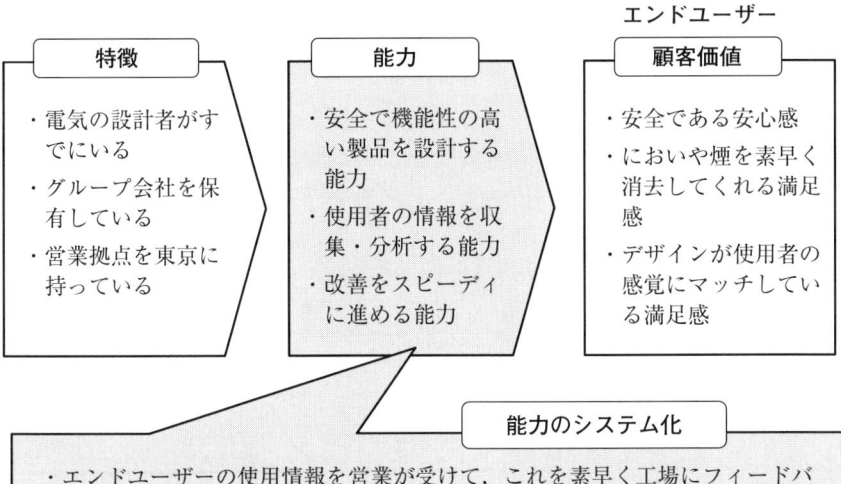

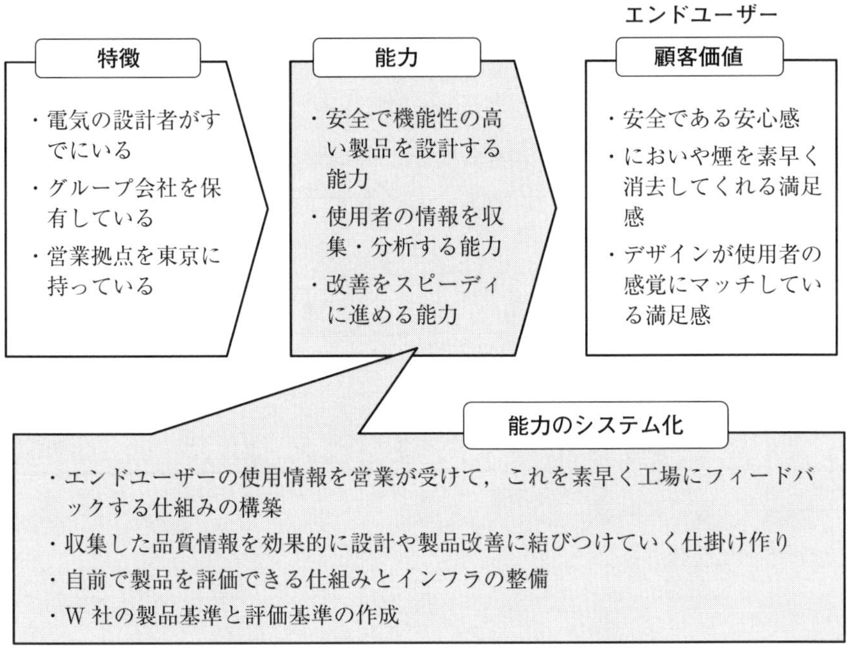

1.4 システム化とは

```
┌─ 特徴 ─────┐    ┌─ 能力 ─────┐   エンドユーザー
│・電気の設計者がす│    │・安全で機能性の高│  ┌─ 顧客価値 ───┐
│  でにいる    │    │  い製品を設計す │  │・安全である安心感│
│・グループ会社を保│    │  る能力     │  │・においや煙を素早く│
│  有している   │    │・使用者の情報を収│  │  消去してくれる満足│
│・営業拠点を東京に│    │  集・分析する能力│  │  感       │
│  持っている   │    │・改善をスピーディ│  │・デザインが使用者の│
│         │    │  に進める能力  │  │  感覚にマッチしてい│
└─────────┘    └─────────┘  │  る満足感    │
                           └──────────┘
```

┌─ 能力のシステム化 ──────────────────────┐
│・エンドユーザーの使用情報を営業が受けて，これを素早く工場にフィードバ│
│ ックする仕組みの構築   │
│・収集した品質情報を効果的に設計や製品改善に結びつけていく仕掛け作り │
│・自前で製品を評価できる仕組みとインフラの整備   │
│・W社の製品基準と評価基準の作成   │
└───────────────────────────────┘

図表1.15　エンドユーザーに対するシステム化

収集して，これを分析して設計に活かせなければならない．顧客からの苦情も直接入ってくるようになったことはよいとしても，これを製品改善に結びつけていかなければならない．

エンドユーザーに対する「提供する顧客価値－能力－特徴」の事業シナリオは図表1.15の上段のようになる．そしてこのシナリオを確実に実現するために以下のシステム化を行っていった．

- **情報を共有化するシステム化**：これまでさまざまなところに存在していた情報を，東京の営業拠点に集中し，ここから関係部署にスピーディに発信して情報共有ができるような情報伝達の仕組みを作った．
- **改善をぐいぐいと進めていくシステム化**：これまでの拙速で中途半端な再発防止対策ではなく，収集した品質情報を効果的に改善に結びつけていくために，重点改善テーマを設定し，必要に応じて十分な時間をかけ，計画的に確実に改善が進むような仕掛けを作った．

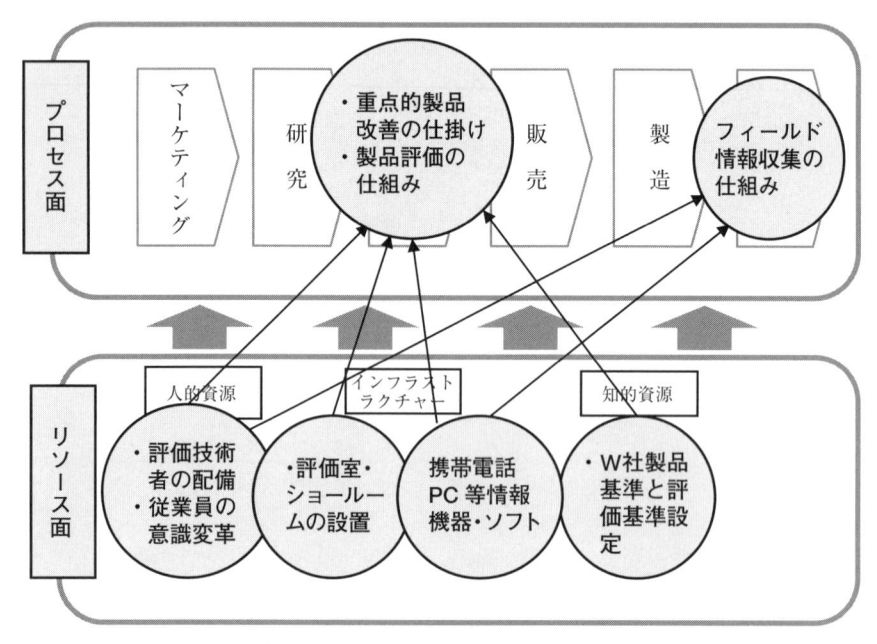

図表1.16 システム化の内容とその関係

- **自前で自社製品の評価ができるシステム化**：試験室や試験器及び要員を準備し，これまで外部に出していた製品評価を自社でできる仕組みを整えた．また評価の仕組み作りには大手企業のシルバー人材を確保して充当し，W社の製品基準と評価基準作りから始めた．

これら上記の状況を図示したのが，図表1.16である．プロセスとリソースの両面にわたってバランスよくシステム化をしている様子がよくわかる．

② 住宅機器メーカーに対する顧客価値を実現するためのシステム化

個人の顧客からの注文を最終的に当社に注文してくれるのは住宅機器メーカー（特にキッチンメーカー）である．したがって，住宅機器メーカーの顧客価値をしっかりと把握しておくことが必要である．

これらの顧客は，まず絶対に安全で品質に問題がないことを期待する．またエンドユーザーのライフスタイルやキッチンのデザインに合わせたきめ細かなサービスを提供したいと思っている．そのお客様だけの特別注文

1.4 システム化とは

住宅機器メーカー

特徴	能力	顧客価値
・メーカーとよい関係を維持している ・多様な板金はゲーム機で鍛えられている ・大手のシルバー人材が得やすい地域である	・メーカーに安心感を与える能力 ・1台でも混乱せずに製造できる能力 ・(エンドユーザーに対するのと同じ能力)	・安全や品質に対する安心感 ・1台でも短納期で受けてくれる ・使用者のきめ細かい要望を満たしてくれる

能力のシステム化　　革新のシステム化

① 自前で評価できる評価室とショールームを新設する
② **コンベア・ロット生産方式をやめてセル生産方式を構築する**
③ リアルタイムで進捗が把握できるコンピュータ生産管理システムの導入
④ 大手のメーカーが納得する一流の信頼性評価システムを構築する
⑤ そのための人材を確保・育成する．従業員の意識改革の仕掛けを作る

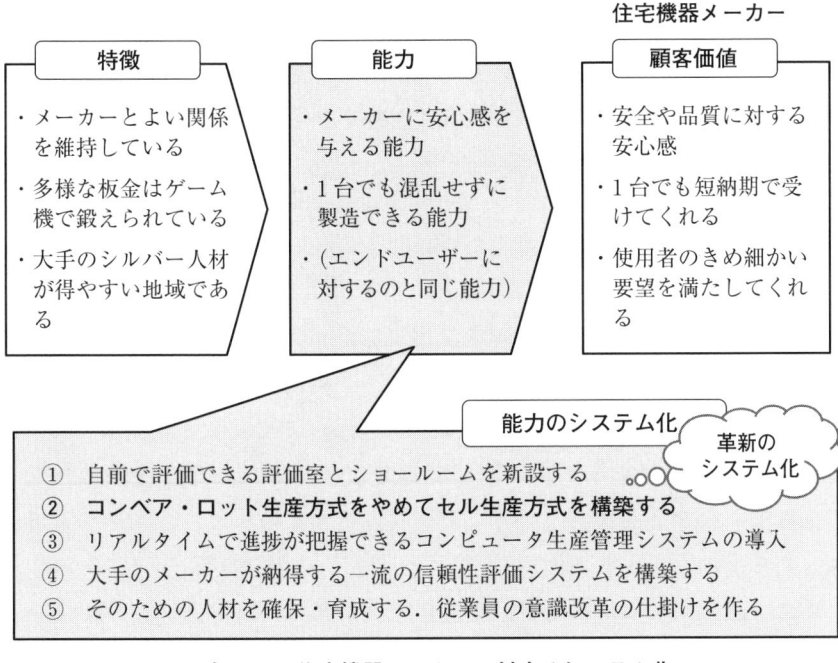

図表1.17　住宅機器メーカーに対するシステム化

であることもあろう．この顧客価値に対する「顧客価値−能力−特徴」の事業シナリオを前と同じように図示すると図表1.17のようになる．

そしてこの能力をいつでも発揮できるようにするために，当社では以下のようにシステム化をしていった．

- **小ロット(1台でも)・短納期であっても工程を混乱せずに提供するシステム化**：製造プロセス面では，従来のコンベア・ロット生産方式では1個の飛込みでも工程混乱を起こしてしまうので，思い切ってセル生産方式に切り替えた．

    また，リソース面では，この生産方式に合わせて毎日の進捗を管理してリアルタイムに情報が共有化できるコンピュータ生産管理システムを導入した．そして，もう一つ肝心なのは，生産方式を一気に変えてしまうことによる社員の意識改革であった．これらはまさに「革新」のシステム化であって，革新なければ成功し得なかった好例であろう．

- **当社製品の性能や安全性に対する安心感，信頼感を提供するシステム化**：W社独自の評価システムを構築したことは①で説明したが，顧客に対してこの仕組みが見えるように，試験室(評価室)を設置して各種の試験機でデモができるようにした．

  評価室の隣には製品のショールームも整備した．顧客に安心感を与えるという顧客価値を確実に提供するためには，目に見えるような仕掛けも必要である．

③ **建築業者に対する顧客価値を実現するためのシステム化**

ハウスメーカーや住宅機器メーカーは，実際にはその工事を施工業者に委託しており，この関係者の顧客価値も重要である．これらの関係者は，最終的には目標とする工期に間に合わせなければならず，決められた工事件数をこなす必要がある．そこで「設置しやすい」という価値が大事になってくる．

また，建築業者では設置後にその修理を依頼されたときにこれを迅速にフォローできる価値も求めている．このような顧客価値に対するシナリオ

建築業者

特徴	能力	顧客価値
① 筐体・電気の設計者は育っている ② 既存の修理ネットワークとつきあいがある	① 勝手のよい製品を設計する能力 ② 全国どこでも早くメンテナンスできる能力	① 設置しやすい製品，メンテナンスしやすい製品 ② いつでもどこでもメンテナンスをしてくれる

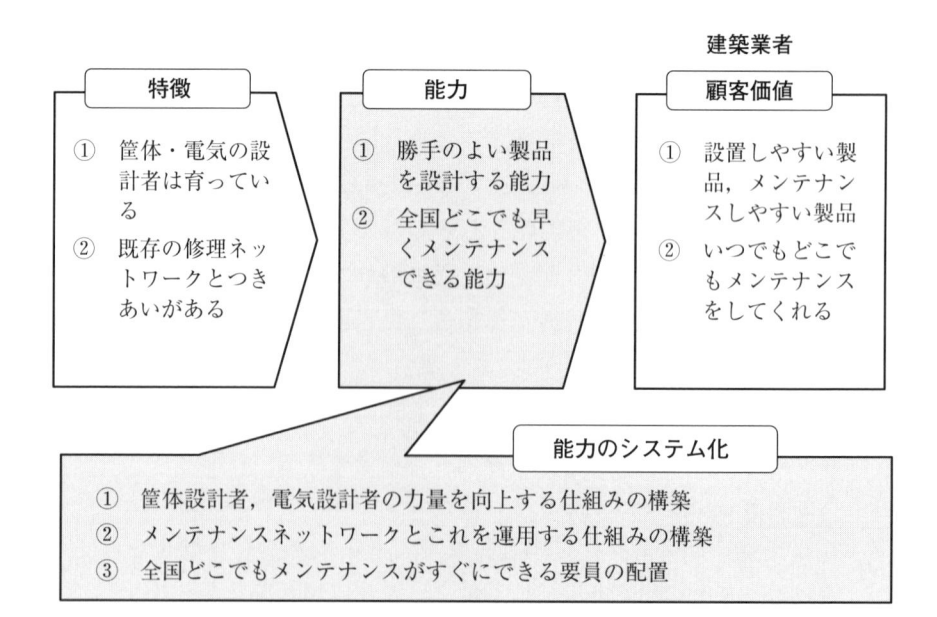

能力のシステム化
① 筐体設計者，電気設計者の力量を向上する仕組みの構築
② メンテナンスネットワークとこれを運用する仕組みの構築
③ 全国どこでもメンテナンスがすぐにできる要員の配置

図表1.18　建築業者に対するシステム化

と必要能力を図示すると図表 1.18 のようになり，以下のようなシステム化を行った．

- **設置勝手や修理勝手のよい製品を設計できる能力のシステム化**：筐体の設計と電気の設計技術者は確保できていたので，この技術者の力量を継続的に向上していける仕組みを整備した．
- **全国どこでもメンテナンスが円滑にできる能力のシステム化**：アフターサービスプロセスでは，修理の依頼がきてからこれをフォローするまでの情報の流れと業務を実施する仕組みを構築した．またリソース面では，これを実施することが可能であるように，以前につきあいのあった全国をカバーしている修理ネットのパートナーを活用して要員を配備した．

以上，説明したシステム化は短期間で一気にできあがったわけではない．中期計画を立てこれにもとづき 1 つずつ丹念にその優先度を考えながら実施してきた結果である．

(4) 将来への新たなる成功に向けてのシステム化

W 社は，現在はうまくいっているが，将来にわたって成功を約束されているわけではない．消費税のアップや，新規住宅着工件数の減少など目の前の変化の中で，成功を将来にわたり持続させるために，いくつかの新たなシステム化の準備を進めている．

例えば，エンドユーザーのレンジフードに対する意識の変化への対応がある．

主婦にはキッチンで料理作りを楽しむだけでなく，自分の城であるキッチンをきれいにする楽しみもある．現在多くのレンジフードは，年に 1 回程度業者に頼んでやっと清掃ができるものである．しかし，主婦が自分で毎日掃除ができてきれいにできる，そしてそれにふさわしい高級感のある商品が求められている，つまり，「キッチンをきれいに使う楽しみ」という顧客価値も必要となってきているのだ．図表 1.19 はそんな製品の一例である．

この顧客価値を継続的に提供できるためには，「(安全で性能がよく) 掃

図表 1.19　主婦が楽しめるレンジフード

除勝手のよい製品を設計できる能力」と「高級感のあるデザイン力」が必要である．W 社は今，この能力強化のシステム化のために，外部デザイナーとの連携や，このデザイナーと技術者とのインタフェースの仕組みの構築などを新たな課題として進めている．

1.4.4　システム化で押さえるべきポイント

システム化で押さえるべきポイントについて，1.4.2 項の T 社と，1.4.3 項の W 社の両事例から学べることを以下にあげておく．

a）　システム化に対する経営者の強い意志と計画性がなければ進まない．

b）　システム化が事業の成功・失敗の鍵である．T 社の事例では，自分の得意な分野のシステム化はやったが，肝心の「不良品を出さない」ためのシステム化を行っていなかった．また，W 社の事例ではコスト面でのシステム化を先延ばしした．そのため，T 社も W 社も一度は失敗している．しかし，W 社は，必要な能力を根気よくシステム化をすることで成功につなげた．

c） どんな製品・サービスでも，どんな規模の組織でもシステム化は重要である．T社の製品は写真でもわかるように見た目は単純である．また，組織の規模も小さい．それでも必要なことは自明である．むしろなおさら必要であろう．

d） システム化の基本手順は，「あるべき姿の認識→ギャップ分析→ギャップを埋める」である．T社は不良を絶対出さない工程のための「あるべき姿」を明確にして，これを基準に現場を見ることからシステム化が出発した．このT社の例がシステム化の基本手順の好例である．今までのT社は単発的な再発防止対策を繰り返し行ったのみのため，かけた苦労の割には効果を得られなかった．

e） プロセス面とリソース面のバランスのとれたシステム化をすることが効果的である．このことは，W社のエンドユーザーに対するシステム化の事例中の図表1.16で一例を説明したが，これだけでなくすべてのシステム化がその両方を対象にして行われている．

f） システム化は顧客価値に結びついた能力のシステム化である．

W社がOEM製品から特注製品へと業態転換をしたとき，それに応じて顧客価値が変わった．そして，この変化に対応したシステム化を着実に行っている．これは意識して変えたことだが，提供者の知らないところでの顧客価値の変化や，経営環境の変化による顧客価値の変化にも気をつけなければならない．T社の例は，それに気づかなかった一例であるかもしれない．

顧客価値の対象を広く考えることも重要である．W社の場合，業態転換とともに対象とする顧客価値が一気に広がり，そのすべての顧客価値に対するシステム化が行われた．直接の顧客だけでなくエンドユーザーや実際に設置する施工業者の顧客価値も対象とした．

g） 特徴をうまく生かしたシステム化が必要である．W社が特注対応製品戦略に転換してこれに成功するために使った「多様なデザイン・仕様に対応できる（板金加工では難しい形状の製品を作る）能力」は，ゲーム機市場で培った板金加工のノウハウがあったという特徴に支えられていた．このように他社には模倣しにくい能力をシステ

ム化することが成功の最大要因である．

h）　システム化のすべては，一朝一夕にはできない．計画的に実施することが必要である．T社はあるべき姿と現場の現実の姿のギャップを埋めるためのシステム化のうち，すぐできることから実施した．しかし，さらにこれを確実にするためには，時間やお金のかかるシステム化対策を打つ必要があったため，これらを経営革新計画に落とし込んで息長く取り組んでいる．W社も中期経営計画に落とし込んでシステム化を実行している．

i）　システム化には「革新」が必要である．T社の従業員の意識改革がなければ，真の効果あるシステム化にはならない．W社は従来のコンベア・ロット生産方式を捨てて，セル生産方式に変革しなければ成功しなかった．特に，新しいことには抵抗感を抱きがちな従業員の意識を変革することも重要である．

j）　特に中小企業の場合は，経営資源に限りがあるから，パートナーの力を活用したシステム化が効果的である．W社が全国をカバーしたメンテナンス体制を取るには，修理ネットワークという従来からつながりを持っていたパートナーを活用することが不可欠であった．T社は公的機関というパートナーを活用して，経営革新計画を立案し承認を受けて資金面での有利さという価値を得られた．

k）　いろいろなシステム化がある．システム化というと大がかりな仕組みや仕掛けを思い起こすかもしれないが，必ずしもそうとは限らない．小規模なT社においては，従業員に示した「捨て方の基準」や「床の通路区画線」という基準の存在が大きな効果を示した．このことからすると，経営者が効果的に示す「方針」や「行動基準」もシステム化の重要な要素となり得る．

l）　システム化にはTPO（Time-Place-Occasion）がある．T社の例にある改善方法は5S活動の中で当たり前に出てくるものであり，多くの企業が実施している．ルールを守るという意識が低い風土を持っていたT社だからこそ効いたシステム化であり，いつでもどこでもT社と同じ効果が出るというわけではない．そのタイミングや企業

の規模など，置かれた状況でシステム化の有効な手段が違ってくる．

1.5 変化とは

1.5.1 長寿の秘訣
(1) 「変わる」ことは変わらない

　この世で唯一変わらないことがある．それは「世の中は常に変わる」ということである．これは，ある産業分野では起こるが，別の産業分野では起きないということではなく，あらゆる産業分野で起こることである．

　例えば，本書の著者のうち2名が深い関係を持っている大学教育機関についても，それを取り巻く環境は，例にもれず大きな変化の局面を迎えている．学生数は年々低下しているし，国・公的機関からの補助金の増額も期待できず，海外の大学のように多額の寄付に頼る習慣も文化も十分に形成されていない．日本以外の国・地域からの学生獲得が一つの有効な策ではあるが，アジア各地域で多くの優良な工科大学が設立されており，学生獲得の国際的な競争も激しい．

　近年では，MITなどの有名大学がインターネットを通じて無料で講義や授業を公開するOCW(Open Course Ware)や，単位認定・学位取得もできるMOOC(Massive Open Online Courses)など，これまでにまったく存在しなかった教育提供方法が出現してきている．

　さらにいえば，私たち人間の平均寿命は，今後100歳に近くにまで伸びるだろうともいわれている．そうであれば，18歳から20代前半での4〜6年程度しかない学習が，その後の70年以上の人生において常に役立つものであるとは限らない．ずっと役立つと考えるほうに無理がある．一生の間に，第二，第三の人生がやってくるかもしれないと考えれば，その時々の最新かつ必要な知識の「学び直し」が必要となることは明白である．つまり，これまでの大学教育の場所，方法，タイミングなどのすべてが大きく変わる可能性を秘めており，それに伴い教壇に立つ大学教員に求められる能力も変わることになる．

　私たちは，このような変化を，悲観的には捉えていない．そのような変

化があったとしても，face to face での対面教育の重要性は変わらないばかりか，その重要性はいっそう増すだろうと考えている．

　これまで教室内でやっていた知識習得のための一方的な講義形式のマスプロ授業は他の手段によって代替化されるであろう．だが，知識自体を知っていることと，その知識を本当の意味で自分のものにし，行動として実践できることとの間にはギャップがある．そこに対面教育の優位性があると信じるからである．そして，そのために必要な教育スキルを磨くことが，大学の教員に課されている教育に関わる課題であり（実は，研究という重要なミッションもある），これに応える義務があると考えている．

(2) 変化への鈍さは個人の問題か

　話を戻そう．なぜ私たちは「変化」を気にするのだろうか．それは，環境が変わればそこで生きていくための術，有すべき能力が変わるからである．生物の進化の過程と同じように，企業・組織も自らを取り巻く経営環境の変化を予測・感知し，適切な対応方法を見つけ，これまでの自社のやり方を大胆に，しかし建設的に否定することも辞さない覚悟で自らを変えていかなくてはならない．これができなければ，事業を撤退せざるを得ない．それどころか，組織自体の存亡も危ぶまれることにさえなりかねないだろう．

　「世の中は常に変わる」は多くの書籍やメディアで繰り返し使い古されてきた言葉である．だが多くの人は，それを他人のことのように捉え，問題意識・危機意識が薄いように思えてならない．自分を変えずに済むような理由を見つけ出し，その正しさの理論武装を懸命に展開する姿に思わず微苦笑してしまうことも少なくない．

　こうした事象は当の本人のやる気，資質の問題なのだろうか．個人の問題と考えれば，人を変えるしかなく，たとえ何らかの都合・制約によってその人を変えられなくても，それはそれで「しかたがない」と説明をつけることはできる．しかし，私たちはこの問題を「個人の問題」とは考えない．それを回避できず，仕方がないこととして皮相的な対応で済ますことを許している「組織の問題」と捉える．つまり，組織として，環境変化へ

の適切な対応能力を有したマネジメントシステムを作りたいと考えている．

(3) 変化に向き合う

組織が自身を変えなければならないかもしれないと痛感する典型的な機会は業績の悪化であろう．

財務指標の変化に注目することは悪いことではない．なぜなら，それは経営のよさの総合的指標として秀逸なものだからである．だが，それはあくまでもさまざまな活動の「総合的な結果」である．BSC (Balanced Score Card, バランスト・スコア・カード）を持ち出すまでもなく，財務業績を生み出す，顧客の視点，プロセスの視点，そして学習と成長の視点から，経営システムが財務業績のためにいかに有機的に運用されているかについても検討しなければ，変化に対して適切には対応できない．

環境変化に応じて自らを変えようとするときに，組織の活動の総合的な結果である財務上の業績を満足できる状況にあるかどうかを十分に出ているかをチェックすることも大切だが，それは過去の活動の成果であって，将来の成果を保証するものでない．将来の成果をもたらすメカニズム，すなわち，どのような「顧客価値」を提供すべきか，価値提供において競争優位に立てる「組織能力」はどれか，その能力をいつでもどこでも確実に発揮するためにどう「システム化」すべきか，を考えることにつながる．

本節では，上記の節で紹介した事例のうち，1.1節のパン屋さん，1.3節のソフトウェア検証会社，1.4節のT社とW社の例を用いて，事業環境の変化に合わせて，将来の成果をもたらす「メカニズム」を変えることの意義について再確認する．

1.5.2 「価値」の見直し
(1) ターゲット顧客を変える

まずは，価値の変化について考えてみよう．1.1節のパン屋さんは，本来ターゲットとすべき顧客を「子育て中のファミリー層」と再認識し，その顧客にとって喜ばれるパン，すなわち「家事，買い物の手間をはぶき，

子育てを楽にすることができるパン」という価値を提供することによって一応の成功ができた．

　それまでは，パン生地を無添加低温発酵としたり，パンを焼く窯に投資したりと，「パンのおいしさそのもの」を価値として提供しようとしていた．パン自体は確かに美味しいものであったかもしれないが，「美味しいね，これなら大丈夫」と評価してくれた友人のような人がターゲット顧客ではなかったために，そのパンを価値として感じてくれなかったのである．

　このパン屋さんにとっての最初の変化は，まさにターゲットとすべき顧客を変えたことから始まったといえる．そして，ターゲットとすべき顧客を変えたことによって，パンという製品を通じて顧客に提供しなければならない価値は「おいしさ」ではなく，「家事，買い物の手間をはぶき，子育てを楽にすること」だったと理解できたのである．

(2) 提供価値を変える

　なぜこのような価値を，意味のある価値と感じてもらえたのだろうか．それは，お店の近くが新興住宅地であり，顧客の多くが共働きのファミリー層だったからである．住民はおしなべて多忙であり，会社帰りに子どもを保育園に迎えに行き，それからスーパーに行って子どもを連れて買い物をしなければならない．

　通常の保育園であれば，11時ごろに昼食を取り，15時に軽いおやつが出されるが，子どもは1回の食事で食べられる量に限りがあるため，17時か18時にはお腹が空いてしまい，買い物中に駄々をこねることになる．帰宅したら夕食の準備をしなければならない．お風呂に入れ，絵本を読んでやり，洗濯物をたたみ，次の日の出かける準備をした上で子どもを20時か21時までに寝かせようと考えれば，それはまさに「戦場」であろう．だからこそ，「家事，買い物の手間をはぶき，子育てを楽にすること」を価値として感じるのである．

　このパン屋さんの成功ストーリーの1年後を想定してみよう．例えば，上記のような価値に気がついたスーパーが，惣菜パンやサンドイッチのメニューを充実させるかもしれない．これだけでは，子どもを引き連れて広

いスーパー内のパン屋に行かねばならないので，そうしなくても済むように，例えば日替わりの惣菜パン，サンドイッチの組合せを宅配サービスで自宅に届けるというサービスを始めるかもしれない．

　それに対抗するためには，何が必要だろうか．単にお惣菜パンがあればよいわけではない．子どもの空腹を満たしつつも，親には，それを喜んで選んで食べる子どもの笑顔も大切である．そうであれば，例えば子どもがパンを選ぶ楽しさの演出を考えるかもしれない．戦隊シリーズや有名アニメをモチーフとしたパンを作ったり，それに合わせて店内の雰囲気を楽しく演出するための飾り付けを工夫してもよいかもしれない．また，来店する顧客は大体決まっているので，その顧客の好みに応じて，その日の「おすすめパン」を積極的に案内するという活動を強化するかもしれない．

　さらにいえば，スーパーのパン屋にはあまり見られない，顧客とざっくばらんな会話をする関係を持つことで，顧客がどんなパンをほしがっているかをより早く，より正確にそのニーズを把握して，新たなパンメニューの開発に役立てられるかもしれない．

(3) 顧客の変化に対応する

　スーパーとの競争に勝って安堵している間もなく，今度は隣に大手有名チェーン店のコンビニエンスストアが進出してきたらどうするのだろうか．近年，「中食」ブームを受けて，コンビニエンスストアでもそのメ

ニューが充実されているが，もしターゲットとする顧客がビジネスマンや高齢者であれば，ターゲット顧客が異なるので棲み分けができる．また，コンビニが子連れのファミリー層をターゲットとした店づくりをやる可能性が低いと判断するならば，とりあえずは何らかの対応策を打たなくてもよいかもしれない．

　数年先の状況を想定してみよう．そのときには，顧客の生活スタイルはどうなっているだろうか．保育園の子どもも小学生に入り，1人で登校・帰宅ができるので，親の送り迎えは必要なくなる．そうなると，親は子どもを連れて買い物をするということをしなくてよくなる．すると，パン屋さんがこれまで提供してきた価値が低下する恐れが出てくる．

　子どもが大きくなりパンの味もだいぶわかるようになり，また親も子どものことばかりを優先しなくてもよくなり，少しばかりの「心の余裕」が出てくれば，「どうせパンを買うなら，おいしくて，少しこだわったパンが食べたい」というニーズが増えるかもしれない．この場合には，本来Sさんが作りたかったパンと顧客が求めているパンが一致するため，チャンスが到来することになる．これまで投資した高額の釜や，せっかく習得した無添加低温発酵でパン生地を作るという技術をやっと活かせるようになり，これによってスーパーや他の競合に対してさらなる優位性を確保できるようになるかもしれない．

　以上の例からわかるように，顧客の生活スタイルやそのニーズが変われば提供すべき価値をそれに合わせて変えていかなければならない．また，顧客自体に変化がなくても，同様な価値を提供する新たな競合が出てきたときにも，今提供しようとしている価値を競合よりも高め，また別の価値を付加するなど，自社が提供すべき顧客価値の変更が必要となるのである．

1.5.3 「能力」の見直し

　1.3節のソフトウェア検証事業における「能力」についての考察を振り返りながら，変化について考えてみよう．

(1) ソフトウェアの変化に伴う必要能力の変化

　はじめに話題になったのは，1990年代のソフトウェアの変化，そして日本のソフトウェア産業競争力の変化であった．1980年代まで，日本のソフトウェア産業は，メインフレームを中心として世界に誇るレベルにあった．それは，上手に「開発」する能力が競争優位だったからである．

　ところが1990年代になって，LSIの技術革新に端を発し，ソフトウェア界に比較的短い期間ではあったが「ネオダマ」という用語が広まった．ネットワーク，オープン化，ダウンサイジング，マルチメディアである．普通の人がソフトウェアを大量に使う時代になったのである．

　これによって，ソフトウェア業界で成功するために必要な能力は，

① ソフトウェア開発の巧みさよりも大量販売能力
② 超高信頼性よりも顧客からみて価値のある製品の提供能力
③ 自分で開発するよりも市場のソフトウェアを選び組み合わせる能力
④ 丁寧に作るより多様な小さなソフトウェアを迅速に作る能力
⑤ 国内のみならずグローバルに売ることのできる能力

と変化した．

　すなわち，第一に，受注大型ソフトウェアは特定顧客に引渡されるから，開発プロセスが利益の源泉となるが，ソフトウェア製品ではいかに大量に売るかが勝負となるという変化が起きた．

　第二に，ソフトウェアの適用・利用が増えると，安価，デファクト適合，顧客価値などが重視され，いわゆる高信頼性ソフトウェアが競争力の源泉になることが少なくなるという変化があった．

　第三に起きたのが，多種多量のソフトが利用できる環境では，自分で開発するのでなく，上手に選択し，上手に統合する能力が重要になるという変化である．

　第四に，小さいソフトウェアを少人数で，短期に，軽いプロセスで開発する能力が求められるようになるという変化が起こった．

　そして第五に，大量に販売するために，必然的にグローバル市場を視野に入れる必要があり．世界市場で売れなければ利益が薄くなるという変化が起きたのである．

こうした変化の結果として生じた現象の一つが，ソフトウェア検証能力が以前に比べ格段に重要になったことであり，1.3節の事例のV事業部はその波に乗って事業を拡大していったのである．

(2) ソフトウェア検証における変化への対応

前項目(1)で述べたように，LSIの技術革新がソフトウェアに変化をもたらし，その結果としてソフトウェア検証能力が以前にも増して重要になった．ソフトウェア検証能力は，ソフトウェアをグローバルに大量販売し，既存のソフトウェアを適切に選択・統合する際に必須となる技術である．すなわち，売るためには，「いつでもどこでも使えるかどうか」を確認する技術が必要であり，選び組み合せるために，「選び組み合せたものが使えることを確認する技術」が必要となるのである．

これら検証に必要なコア技術は，1.3節で述べたように，
① 検証対象の性質に応じて効率的・効果的にテストを設計できる技術
② 現実の検証を行うためのハードウェア・ソフトウェア環境
③ 検証対象に固有の適用性に関するドメイン知識（例えば関連法規，常識的な使用法，暗黙のニーズなど）

などから構成される．

V事業部は，現実にこれらの技術的能力をテコにして業績を伸ばしてきた．ところが，検証事業において優位に立つために必要な能力，すなわち競争優位要因も，事業環境の変化によって変化する．

まず技術の面で，テストの自動化ツールの高度化がある．ソースコードを解読して必要なパス（プログラム内の命令の流れ）をすべて通すようなテストを自動的に実行するソフトウェアツールの出現である．これらのツールの充実によって，単純に見えて精神的に疲れる知的作業を確実にこなすテスト作業者を確保する能力の重要性が減る．V事業部は，これを協力企業との巧みなパートナーシップで確保してきたが，今後は高価なテストツールを使いこなす技術に磨きをかけなければならない．

テストにおける単純作業が自動化されるに従って，高度な知的作業を伴うテスト設計の重要性が増してくる．上述した「①検証対象の性質に応じ

て効率的・効果的にテストを設計できる技術」の高度化が必要になるということである．

V事業部では，この技術の発展のために社外の専門家を加えた研究会を継続して実施しており，この活動の継続によってリーダークラスに顧客からも高く評価される技術者が生まれている．こうした組織能力が重要な競争優位要因になると明確にわかっていたわけではなかったが，漠然と感じた事業ニーズを大切にし，地道に努力してきたことが実を結んだといってよい．

検証対象となるソフトウェアの高度化・複雑化に応じて，検証に必要な能力のうち，上述した「③検証対象に固有の適用性に関するドメイン知識（例えば関連法規，常識的な使用法，暗黙のニーズなど）」の重要性が増しつつある．特に多くの他システムと連動して機能する高度なリアルタイム制御ソフトウェアについて，使用条件，想定される状況，期待される応答・反応，関連法規・規制などの知見が重要になっている．一朝一夕に獲得できるものではないが，V事業部は，ソフトウェア開発組織との良好な関係を通じての密度の高い「経験」，仕様検証サービスを通じた組織学習を展開している．

1.5.4 「QMS」の見直し

次に「システム」の変化について考えてみよう．ここでいうシステムと

はマネジメントシステムのことであり，その目的は「いつでも，どこでも，誰でも，競争上重要となる組織能力を100％発揮できるようにする」ことであった．1.4節で取りあげたT社及びW社の事例をもとに説明する．

まず，システムの変化という意味では，
- システムの継続的な改善
- 持つべき組織能力の変更に伴うシステムの革新
- 組織内部の変化に伴うシステムの変更

の3つの意味がある．それぞれについて詳細に見ていこう．

(1) システムの継続的な改善

大なり小なり継続的な改善を行っていない企業はないだろう．ISO 9001においても継続的改善が品質マネジメント原則の一つとしてあげられており，箇条8において具体的な要求事項が記載されている．ここで規定される改善とは，個別製品自体の改善とそれを生み出すプロセス・システムの改善の2つに区分されている．そして，後者のプロセス・システムの改善が，本書でいうシステムの変更に相当する．例えば，現場で行っている不良低減，設備の稼働率向上，生産リードタイムの短縮などの活動はすべてシステム変更の一例である．

例えばT社では，「前日の夕方6時までに注文をもらえれば，次の日には製品を九州に納品する」という自社の小回り性を活かした価値提供を行い，成長してきた会社であった．その価値提供を事業の基軸として置き，その上で収益をより拡大するために「独自のコンピュータシステム」を開発・導入してその価値提供能力の強化に努めていた．また，注文も増え，生産量が拡大することによるスケール・メリットを更に享受するために，各種の製造工程内での不良低減や生産性向上を行ってきている．これらはいずれもシステムの変更に当たる．

しかし，それがよい活動であるための前提条件がある．つまり，「T社が提供する価値が顧客に価値として認めてもらえる間は」ということである．言い換えれば，この類のシステム変更は「ある枠組みの中でいかにそれをより無駄なく，より上手に実施するか」ということに焦点が置かれた

活動なのである．

　なお，T社の問題は，自動車メーカーにとっては当たり前品質として守るべき「不良品を絶対に出さない」という前提の価値を，顧客が求めるレベルまで十分に満たすように提供できなかった点にある．「前日の夕方6時までに注文をもらえれば，次の日には製品を九州に納品する」という，競合よりも優位性のある価値提供に失敗したわけでない．

　1980年代半ばまでの高度成長期の日本企業の飛躍の理由の一つは，すでに欧米企業という目標があったことである．欧米企業に追いつけ追い越せという風潮の中，良質な製品を大量に生産し，安価に提供することで成功してきたといわれている．

　これはある意味では，「ある枠組みの中でいかにそれをより無駄なく，より上手に実施するか」にかかっており，TQCなどの品質管理手法を導入することでその組織能力を強化し，競争優位性を獲得してきたといえる．その結果，日本企業の改善が世界に広く知れ渡り，"KAIZEN"という言葉が生まれたほどであった．

(2) 持つべき組織能力の変更に伴うシステムの革新

　一方で，1980年代以降，成熟社会に突入し，これまでの既存路線の延長線上でビジネスを行えば，結果が自然についてくるという時代ではなくなった．あらゆるものが変化し，変化そのものも量的変化から質的変化へと，より高度で捉えにくく，また多様なものになった．つまり，顧客が求める価値やその価値提供において必要となる組織能力が変わったのである．

　例えば，W社では「板金加工下請負業者」から「OEM製品メーカー」へとビジネスの大転換を行ったが，うまくいかず撤退してしまった．しかし，その失敗を糧にして，多様なデザインに小ロットで短納期でも対応できる設備・ノウハウ，全国をカバーしている修理ネットワークのパートナーとのつながりを有している，という競合には見られない自社の特徴を再認識した．その後，改めて時代の変化を考えたときに「特注対応製品メーカー」になろうと決心し，大変身した．

これによって自社が提供しなければならない価値は大きく変わることになった．実際に W 社ではエンドユーザー，住宅機器メーカー，建築業者の 3 つの顧客タイプごとにその価値と求められる組織能力を特定し，それを間違いなく確実に発揮するためにシステム化を行っている．

システム化のための活動を列挙してみると，

- 情報共有の仕組み化
- 自前で自社製品の評価ができるようにするための仕組み化
- 従来のコンベア・ロット生産方式からセル生産方式への変更
- コンピュータ生産管理システムの導入
- 試験室（評価室）を設置して各種の試験機でデモできるようにし，評価室の隣に製品のショールームを整備
- 全国どこでもメンテナンスが円滑にできる体制の構築
- 使い勝手や修理勝手のよい製品を設計できる技術者の力量向上のための教育体制の充実

などがある．

個々の活動それ自体はそれほど目新しいものではないように思うかもしれない．しかし，従来の OEM 製品メーカーとしての W 社にとっては，これまでのマネジメントシステムの延長線上にある継続的改善ではなく，ゼロベースで大胆に変えるシステムの革新となったのである．

さらに重要なことは，これらの活動は互いに関係のない単なる活動リストではなく，「特注対応製品メーカー」として生き残るための価値提供を目的とした，一貫性があり，整合性が取れた活動になっているという点だ．

以上のように，外部環境の変化に適切に対応するためには，自社の特徴や得意・不得意をまず認識し，変化する環境下で自社が最も成功する確率が高い策，すなわち自社のどのような特徴を活かしてどの組織能力を発揮して最終的に顧客にどのような価値を提供するのか，という将来の成果を生み出す「メカニズム」を検討し，それを組織として確実に実践するために自社のマネジメントシステムを革新することが求められるのである．

(3) 組織内部の変化に伴うシステムの変更

　システムの変更(改善及び革新)は，何も外部環境が変化するから必要になるというだけではない．自社の内部環境が変わることによっても，システムの変更が求められることがある．

　逆説的だが，T社の「5S」活動自体は独自なものではないが，ルールを守るという意識が低い風土を持ったT社だからこそ効いたシステム化の活動の例である．

　ISO 9001の認証取得時に作ったQC工程表は形骸化していたという問題があったが，認証時に実際にこれを作成した作業者であれば，その目的やその手順どおりにやらないことによる危険性などを理解しているため，そんなことはなかっただろう．しかし，長い年月が経過し，手順書作りに主体的に参加していない作業者の割合が増えた．

　このような内部の変化によって，手順書だけを教育すればよいのではなく，これまでは必要がなかった手順書の目的・意義を伝える仕組みを確立することが求められたのである．

　一方で，W社は撤退を余儀なくされた失敗を経験したことを契機として，自社固有の特徴が何であるかを立ち止まって考え，再発見した．自社についてのこの新たな認識にもとづいて大幅なシステムの革新を行った例として捉えることができる．また，全国レベルで修理を行えるネットワークを有したパートナーとの連携を活用しているが，今行っているビジネスが軌道に乗り，成長していくことによってその連携がより強化されるかもしれない．一般的に，修理時には顧客立会いのもとで住居に入る必要があるため，そこは顧客の使用状況や顧客のニーズの変化を把握し，新たな注文につながる機会が多く存在している場面でもある．

　したがって，修理を行うパートナーとさらなる連携強化を行い，より高付加価値な製品を提供することが可能となるかもしれない．そのときにも，自社のマネジメントシステムの変更が余儀なくされるであろう．

1.5.5　顧客価値，競争優位要因，そしてシステムの変更

　どの企業・組織，そして個人も，変化を無視できない．また，変化を避

けて通ることはできない．いずれも最後には痛手を被るだろう．経営の王道は，どのような経営環境の変化があっても，自組織が生きる道を探り，力強く成長していくことである．そして，顧客やその他の利害関係者から評価してもらい，自社の存在価値を示し続けることである．

自社の存在価値の基盤は「顧客価値」である．顧客や利害関係者が関心を持たない製品・サービスを提供しても認められない．だからこそ，顧客価値とその変化に常に留意しなければならない．

また，同レベルの顧客価値を提供できる会社が自社を含めて複数存在するのであれば，当然自社の存在意義は低下する．したがって，価値提供に必要な組織能力の内，競争の優劣を左右する決定的な組織能力，すなわち競争優位要因を特定し，それを100%発揮できるように自社の特徴を活用するのである．だからこそ，競争優位要因と自社の特徴，及びそれらの変化に留意するのである．

最後に，価値提供は個人ではなく，組織で行うものである．また，あるときは素晴らしい価値を提供してくれるが，別のときには低レベルの価値を提供してしまうということがあってはならない．顧客価値とは，企業と顧客・利害関係者との間の約束ごとである．これを守らなければ信頼されず，顧客は去っていく．だからこそ，システム化するのであり，その約束事の内容が変わるごとに，マネジメントシステムも変更するのである．

第2章
真・品質経営による持続的成功

　第1章では，成熟経済社会期の品質経営において鍵となる「価値」，「事業構造」，「能力」，「システム化」，「変化」という5つの概念について，それぞれ具体な例を取り上げて説明した．本章では，これらの概念を体系的に説明し，本書の主題である「進化する品質経営」の全貌と，それを構成する重要な概念間の関係を説明する．

　はじめに，現代という成熟経済社会期，そして変化の時代が，品質管理・品質経営の視点からどのように位置づけられるのかを考察し，今求められる経営が「持続的顧客価値提供マネジメント」であることを再確認する．次に，「持続的顧客価値提供マネジメント」に関わる主要な概念である，顧客価値提供，事業構造，組織能力像，システム化，変化への対応について，その全体像を理解する．

　さらに，事業とは持続的な顧客価値提供であるとの立場で，事業化に必要な要件を再整理し，「持続的顧客価値提供マネジメント」が，現代の経営に求められるマネジメントスタイルであることを確認する．

　そして最後に，持続的顧客価値提供マネジメントは，かつて品質立国日本を支えた品質経営の基本的考え方と方法論を拡大・深化させたものであり，これが「進化する品質経営」の実像であり，この「真・品質経営」によって持続的成功が実現できることを確認する．

2.1　今，時代は

2.1.1　品質立国日本

　1980年のこと，アメリカの3大テレビネットワークの一つNBCで"If Japan can…, why can't we?"という番組が放映された．番組の主題は，工業製品において世界に冠たる品質を誇り奇跡的な経済発展をとげた日本の成功の理由を分析し，「日本にできてなぜアメリカにできないのか」と

訴えるものであった．確かに，歴史的事実として，日本は1980年代に，品質立国日本，ものづくり大国日本，ジャパン・アズ・ナンバーワンなどともてはやされ，品質を武器に工業製品の競争力を確保して世界の経済大国にのし上がった．

　まず1970年代に，鉄鋼において大型の高炉，コンピューター制御による高品質製鋼，連続鋳造による原単位軽減を武器に米国の鉄鋼産業に致命的な打撃を与えた．そして1980年代には，低燃費，高信頼性，高品位によってアメリカの自動車産業に旋風を巻き起こした．さらには，家電製品，半導体でも，圧倒的な高品質，高信頼性，合理的な価格によって，世界の市場を席巻した．ついには，日米経済戦争などといわれる経済摩擦を起こすに至る．こうした経済・産業活動を支えたもの，それは日本的経営と日本的品質管理であった．

　品質立国日本はなぜ可能だったのか．それはまさに，「時代が品質を求めていた」からにほかならない．時代は，工業製品の大衆化による経済高度成長期にある．競争優位要因は「品質」である．

　顧客の要求に応える製品を設計し，仕様どおりの製品を安定して実現する能力を持つことによって，良質安価な工業製品が生まれる．

　工業製品の企画，開発，設計，生産，販売，サービスで成功するためには，顧客のニーズの構造を知り，ニーズを実現するために必要な技術根拠を熟知し，必要な機能，性能，信頼性，安全性，操作性などを考慮した合理的な製品設計をし，品質，コスト，生産性を考慮した工程設計をし，安定した製造工程を実現し，顧客ニーズに適合する製品を提供し続ける経営システムを構築し運営する必要がある．

　こうして顧客が満足する品質のよい製品を合理的なコストで生み出すことができれば，安定した利益を確保できる．経営において品質の考え方と方法論を適用することが，工業製品の提供で成功する有力な方法である．品質の重要性を認識し，これを経営の中心に置いたこと，これが品質立国日本を成立させた理由であった．

2.1.2 成熟経済社会への変化

「先生,中国は世界の工場になりました」

10年ほど前に「超 ISO 企業」と題して ISO を超えることの意味を3つの視点から説き,ISO 9000 に隷属するのではなく自律的な総合質経営を志向することの重要さを強調した中国での2日間セミナーでの主催者の言葉である.

「えっ,日本を抜いたというのですか」

「はい,先生.中国進出の海外企業の工場の生産も含んでの中国製の工業製品という意味ですが」

「本当ですか,信じられません」

「本当です,先生.日本から見れば,ちょっと古い,ハイテクでない普通の工業製品が主ですが」

「品質立国日本」,「ものづくり大国日本」の相対的地位が落ちている.日本はかつて1人当たり GDP で世界第2位だったことがある.もっともこの統計は世界中の国々の GDP を比較するので,信頼性できる値を得るのは難しい.OECD の Annual National Accounts Database を信ずるなら,1980 年の 17 位から順調に順位を上げ 1989 年には3位に位置づけられ,1990 年代は何とか2〜5位程度で推移したが,21 世紀を迎え,ついに下降の一途をたどる.2000 年3位,2005 年 15 位,2008 年 19 位,2010 年 14 位である.今上位にはヨーロッパの国々が並ぶ.

スイスのシンクタンク IMD の世界競争力ランキングの推移はもっと劇的である.図表 2.1 に,2013 年までのランキングの推移を示す.

このランキングは世界の主要約 50 カ国について国の総合的な競争力を測るものである.IMD は 1997 年に順位づけの考え方・方法論を変えており,1996 年以前のデータを提供したがらない.1997 年以降の日本は 16〜27 位の間を推移している.この間,同率首位も含め1位はずっとアメリカである.

1996 年以前の日本の順位は4位以内で,1988〜1992 年は1位にランクされていた.この時期がピッタリとバブル経済期に合致する.また,IMD 自身が順位づけの考え方を変えたためデータを提供したくないといってい

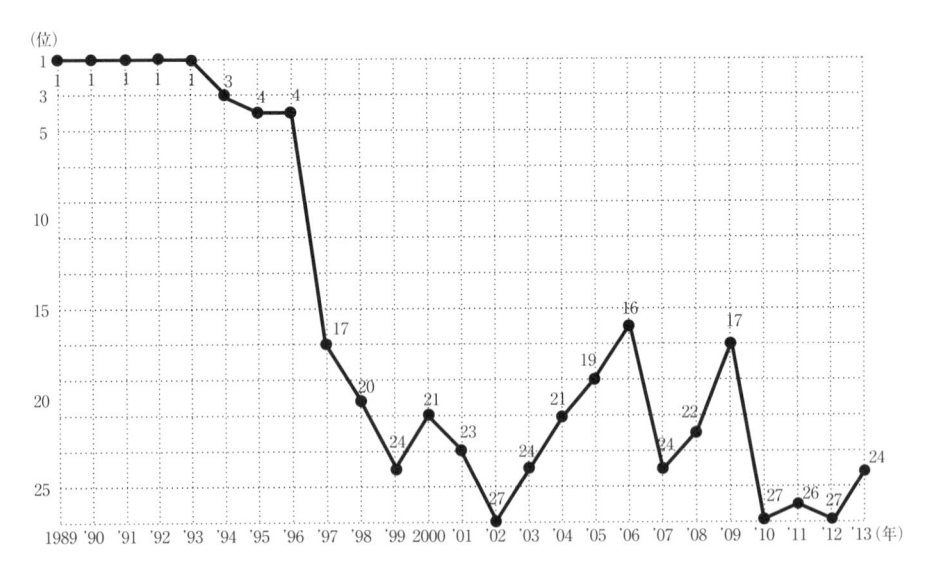

第2章 真・品質経営による持続的成功

図表2.1　IMD世界競争力ランキング（日本の推移）

ることもあり，日本の1位はいかにも泡沫，バブルによる1位で実質を伴っていないと見ることもできる．だが，少なくともある時期にある尺度で1位にランクづけされたことだけは事実である．その日本は，2013年IMD世界競争力ランキングでは世界の24位だった．

　中国やインドなどアジアの台頭に対して工夫の余地のない人件費格差を指摘する向きもあるが，ジャパン・アズ・ナンバーワンとおだてられた頃から日本の人件費は高かった．

　しかし，地位低下の原因は，そんなところにあるのではない．成熟経済社会における産業構造の変化に伴う競争優位要因の変化，そして事業収益構造の変化に，わが国の社会・経済の構造，さらには各企業の経営スタイルが十分に対応できていないことが地位低下を招いたと考えた方がよい．その意味で日本再生への道はいくらでもある．変化に的確に対応すればよいのだから．そのための，品質経営の視点からの考察が本書の目的でもある．

　バブル経済によって認識が遅れたが，わが国の経済・社会は，1980年

代半ばには，成熟経済社会期に移行し始めていた．こうした変化は，事業における競争優位要因と経済構造の変化を引き起こす．競争優位要因とは，事業において競争優位に立つために必要な能力・側面であり，1.3節で述べたように，経営環境が変化すれば，当然のことながら変化する．

経済構造の変化とは，事業の構造，役割分担，競合構造の変化であり，例えばアジアへの生産基地シフト，コスト構造の変化，生産－消費地関係の変化，生産委託の状況の変化である．

2.1.3 新・品質の時代

わが国の経済社会は，経済高度成長期から成熟経済社会期への「経済社会の成熟化」という変化において，何がどう変わったのであろうか．

工業製品の大衆による経済高度成長における競争優位要因が品質であったから「品質立国日本」が成立した．高度成長期とは，実に「品質の時代」であった．時代は移り，「新・品質の時代」，すなわち1980年代半ばまでの四半世紀とは異なる意味での品質を中心に置くべき時代が今来ているといえる．

それは，すなわち成熟経済社会における経営スタイル，拡大・深化した品質を中核に置く経営スタイルと総括できる．さまざまな点を指摘できるが，例えば以下のような側面をあげることができるだろう．

① **価値の追求**：成熟経済社会においては，製品・サービスに対するニーズの多様化，高度化，複雑化が起きる．顧客視点での価値の追求，顧客価値創造，個客（個々の顧客），カスタマーイン（マスとしてのマーケットインでなく，個客のニーズに応える価値提供），顧客ニーズ発掘，提案に関わる能力が重要になる．

② **経営インフラ充実への対応**：情報技術，物流技術の進展を基礎とする経営インフラ充実への対応が重要となる．これらインフラの充実により，顧客価値提供方法の拡大，深化，進化が起き，新たなビジネスモデル，サービスモデル，製品・サービス提供モデルも生まれる．

③ **変化への対応**：成熟経済社会においては，質的変化が速い．環境変化とその様相を知り，組織内でその知見を共有し，変化した環境にお

ける自らの「あるべき姿」を描き，現状とのギャップを解消する革新を行うことにより，顧客価値提供における持続的成功が可能となる．これを可能にするためには，持つべきコアコンピタンスを認識し，その獲得と維持のためにリソースを集中する能力が求められ，また変化の時代の新たな価値基準を確立できる自律性が求められる．

④ **ストック型ソフト経営リソースの重視**：成熟経済社会の質的変化に応じ，新たな価値を創出していかなければならない．そのためには，インプットからアウトプットへの変換，すなわちプロセスに磨きをかけるとともに，経営インフラ，経営資産の充実が鍵となる，特に，知的プロセスを支える知的資産，技術・知識，何よりもよくできる「ひと」をどれだけ有し，どれだけ生き生きと働く場を作っていくかが重要となる．有形のモノを大量に作り，製造コストと売価の差を利益の源泉にするモデルとは異なった収益構造の実現が必要であり，浅薄な意味とは異なるナレッジマネジメントが重要となる．

こうしたことは，実は，日本が調子のよかった1980年代半ばに，すでに指摘され始めていた．顧客価値という視点の重要性しかり，情報技術・物流技術の進展による事業構造の革新しかり，いわゆるナレッジマネジメントの重要性しかりである．

しかし，現実には，俊敏に対応してきた企業は少ない．それが今の日本の競争力低下の一因ともいえる．過去を悔やんでも仕方ない．気づいたら，迅速に対応すればよい．多少の遅れは取り戻せる．

2.1.4 変化の時代を生きる

　成熟経済社会は変化が速い．量的な変化は小さいが，質的な変化は速くて大きい．変化を時代と生き抜くためには，変化に対応していかなければならない．「成熟」という表現から「保守性」を連想しがちだが，成熟経済社会は，保守的な人・自組織には生きにくい環境である．

　とりあえず，存続することはよいことであるとしよう．組織が存続するためには，変化に対応する必要がある．変化に対応するためには，変化の様相とその意味を知る必要がある．変化に対応するためには，変化した環

境に適したあるべき姿を認識する必要がある．あるべき姿は，自らの強さ・特徴を十分に認識し，これらを生かして描くべきである．そして，変化には自己の建設的否定を伴うことがある．

すなわち，変化のへの対応能力とは以下のような要件から成り立つことがわかる．

- 事業環境の認識：変化の様相とその意味を理解する．
- 持つべき能力の認識：変化した事業環境において，組織が持つべき能力を認識する．その際には，特に競争優位になり得る特徴を考慮することが重要である．
- 革新：組織が持つべき能力を具現化するために，既存の枠組みの一部またはすべてを否定し新しい枠組みを生み出すことによって，自己を革新する．

変化への対応を確実にするためには，学習能力を基盤とする革新の能力が必要となる．組織が持つべき学習能力として，次の２つの側面が重要である．

- 組織の学習能力：事業環境などの外部情報に対する，組織の情報収集能力・分析能力・洞察力を含む学習能力
- 個人の能力と組織の能力とを融合する能力：組織を構成する個々人の知識・思考形態・行動様式と組織の価値観とを融合する能力

そして，ある組織体が適時適切に変化に対応してくためには，変化への対応能力を発揮できるように，そのマネジメントシステムに実装し運営していくことが大切である．

2.2 競争優位のための品質経営

2.2.1 時代は変わっても

時代が変わっても，環境が変わっても，成功する国があり組織がある．成功している組織を分析してみると，ある共通点があることに気づく．強い「製品競争力」である．顧客に提供する価値，提供し対価を得るもと，組織のアウトプットである製品が競合にひけをとらないということであ

る．強い「売り物」があるということであって，顧客に価値を提供することによって存続しようというのだから当たり前である．

問題は，その競争力のある製品・サービスを提供するために，それら成功している組織に共通することは何かという点である．いろいろな見方ができるが，著者らが抽出できたのは三点である．

第一は「周囲・環境に対する鋭敏な感覚」である．一つは，顧客ニーズに対する鋭い感受性である．お客様からニーズを聞き出す能力ではない．顧客の声なき声や行動，社会の動向の観察から，顧客ニーズ・市場ニーズの発見・把握能力，ニーズの変化を見抜く能力である．また，社会のニーズ・価値観の変化の経営への影響の理解と感受性でもある．制度が変わると，どのようなニーズが生じ，どのようなビジネスモデルの変化があるかというような経営環境の変化への鋭敏なセンスである．

第二は「コアコンピタンスの自覚」である．ここでのコアコンピタンスとは，競争環境において勝負を決定づける中核能力という意味であり，競争優位要因といってもよい．強さの根元となる能力を持っているという意味ではない．成功する組織は，その事業領域で，何が競争優位要因になるかを認識し，その能力を確保し維持するために経営リソースを集中している，という意味である．コアコンピタンスになり得るものを持っているというよりも，持つべきコアコンピタンスを認識し，それを強化するために的確な施策を打っている．

第三は「人材・人財」である．経営の根幹は人であるから当たり前なのだが，成功する組織には「ひと」がいる．リーダーシップ，高い志気・モラール，高い能力を持ち，組織が価値観を共有している．こうした組織運営を可能とする，組織文化・風土，経営者の価値観に見るべきものがある．

2.2.2 競争優位

これらの3つの特徴は，どれも成功のために重要だが，現在の日本の企業が考えなければならないのは，コアコンピタンス，競争優位であろう．個人としても，部門・企業としても，もう少し広く考えるなら日本として

も，競争力という視点から現況を考察する必要がある．

どのような事業でも，その経営において有すべき能力のすべてにおいて一流である必要はない．それは不可能であるし，すべてにおいて強いことを望むことはよい結果をもたらさない．事業領域に応じて，その競争の場で優位に立つために必要な能力というものがある．それが何であるかを明確に認識した上で，自らの組織の能力強化を図るべきである．それが事業において成功する原点となる．

その能力を明らかにする古典的方法として，3C (Customer, Company, Competitor) の深い分析がある．Customer すなわち市場，ニーズの分析，Company すなわち自己の能力（文化，風土を含む）の分析，Competitor すなわち競合の能力の分析を通じて，その事業領域で勝つために有すべき能力は何か，現実に有している優れた能力は何か，自己の特徴を考慮したときどのような能力を有していることが事業で成功するために必要かを明らかにする．少し不遜な言い方をするなら，他者でなく自己がその事業の主導権を握ることは，どのような意味で社会正義であるかを，自覚することにほかならない．

2.2.3　品質マネジメントシステムの構築

この世には，さまざまな品質マネジメントシステムや品質経営の方法のモデルがある．例えば，ISO 9000 の認証制度の基準となっている ISO 9001 は品質マネジメントシステムの一つのモデルである．ISO には，ISO 9001 の上位のモデルとして ISO 9004 という品質マネジメントシステムモデルもある．

品質立国日本の立役者の一つ TQC (Total Quality Control, 現在では TQM, Total Quality Management) は，品質経営の基本的考え方と方法論の一つのモデルである．

TQC／TQM の普及にはデミング賞という品質賞が貢献した．世界には，アメリカのマルコム・ボルドリッジ国家品質賞を源とする品質賞が多数ある．マルコム・ボルドリッジ賞は日本に逆輸入されて，日本経営品質賞となっている．ISO 9001, ISO 9004 は翻訳されて JIS Q 9001, JIS

Q 9004 となっているが，JIS（日本工業規格）には JIS Q 9005 という ISO 9004 を超える品質経営のモデルもある．

　自らの組織の品質経営を見直し再構築したいとしよう．上述したような品質マネジメントシステムモデルに従って自組織の品質マネジメントシステムを構築してもよい．だが本書は，既存の品質マネジメントシステムモデルへの無定見な適合はお勧めしない．自らの事業環境に適した品質マネジメントシステムを自らの手で設計し，構築し，運用してほしいと期待している．

　話を複雑にして恐縮だが，上述した品質マネジメントシステムや品質経営のモデルの中には，品質マネジメントシステムの具体的モデルを提示しているものばかりではなく，基本的な考え方や方法論を示しているだけの TQC／TQM や，提示する品質マネジメントシステムモデルに品質マネジメントシステムそのものの自律的設計を推奨する JIS Q 9005 のようなものも含まれている．

　さて，自組織の経営目的に適合するような品質マネジメントシステムの設計・構築を考えているとしよう．品質マネジメントシステムの目的は何であろうか．品質という視点で，事業戦略を実現するためと捉えるべきだろう．組織の品質マネジメントシステムは，それぞれの事業戦略にふさわしいものでなければならない．社会・市場ニーズ，製品に対するニーズ，内部リソースの分析によって，自らが有すべき能力像が明確になり，構築すべき品質マネジメントシステムの重点領域が明確になる．組織自らが製品の特徴，業種・業態，経営環境に応じて，重点を置くべき品質マネジメントシステム要素を明らかにして，それにふさわしい品質マネジメントシステムを構築すべきである．

2.2.4　競争優位の品質マネジメントシステム構築

　事業戦略実現のための品質マネジメントシステム構築を目指しているとして，競争優位の視点での構築のために，事業領域ごとに，以下のような方法で検討することをお勧めしたい．

　① **製品，顧客，価値**

- 誰（顧客）に何（製品）を提供しているのか？
- 顧客は製品のどんな側面（価値）を認めて（それゆえ買って）くれているのか？

② **必要な技術**
- ①の製品を提供するためにどのような技術（再現可能な方法論）が必要か？

③ **競争優位要因，ビジネス成功要因**
- 自分の特徴を考えると，どのような成功シナリオをねらうべきか？
- ②で特定された技術のうち競争優位要因，ビジネス成功要因の観点から重要なものは何か？

④ **重要な品質マネジメントシステム要素・活動**
- ③で特定された競争優位要因の観点から重要な品質マネジメントシステム要素，品質マネジメントシステム活動は何か？

⑤ **展開**
- 具体的課題，展開，実行計画，……
- 組織の能力向上（例：品質概念，問題解決，システム志向，プロセス志向）

事業戦略とか，競争優位とかいうと，経営のさまざまな側面，例えば技術，生産，販売，調達，財務，人事，海外などについて，○○戦略と称するもっともらしい計画を作り，各領域における強み・弱み，機会・脅威などについて議論しまとめ上げることをイメージするかもしれない．

だが，ここで行おうとしているのは，今設計しようとしている品質マネジメントシステムの第一義的アウトプットである製品・サービス通して提供される「顧客価値」と「競争力」を基軸にして考察することである．狭いと思うかもしれないが，優秀な製品・サービスを創出するためにどのようなマネジメントシステムを有していなければならないかを検討するという意味で，目的志向の検討方法といえる．

私たちはよく問題・課題という用語を使う．これらは，現状あるいは近未来のあるべき姿からの乖離のことである．そのあるべき姿がわからなければ取り組むべき問題・課題もわからない．そのあるべき姿を「競争力」

の視点で考えるのが,「競争優位の品質マネジメントシステム構築」であり,「競争力の視点からの品質の考察」である.

上述した手順は,競争優位要因,ビジネス成功要因の観点での組織のあるべき姿を理解して,この視点であるべき品質マネジメントシステムを考察しようとするものである.世の中にたくさんある多くの品質マネジメントシステムモデルに合わせていくのではなく,自分の組織のあるべき姿をしっかり認識した上で,それを品質マネジメントシステムに具現化するという立場で,品質マネジメントを考えたい.

さて次節では,こうした考え方をベースにして現代の経営に求められている「持続的成功」のための経営モデルについての考察を続ける.

2.3 持続的成功

2.3.1 今求められる経営

成熟経済社会期は変化の激しい時代である.変化の時代の経営に求められること,それは事業を持続的に成功させていくことである.どのような事業環境にあっても事業を成功させること,これを「持続的成功」と呼ぶことにする.

この世のどのような組織も,社会的に意味のある価値を提供するために設立され,運営されるものと考えたい.いや,本書では,そのような組織のあり方に関心があるといったほうが正確かもしれない.そのような組織には,製品・サービスを通した価値提供における存在意義が認められている証左としての「持続的成功」が望まれる.ここで「成功」とは,価値提供において顧客やその他の利害関係者に受け入れられることを,また「持続的」とは,事業環境の変化に対応し続けていることを意味する.

本節において考察を深めるが,組織の持続的成功のためには以下のようなことを考慮する必要がある.

・顧客価値提供に焦点を当てた事業運営
・事業環境の変化への的確な対応
・持つべき能力が埋め込まれたマネジメントシステムの設計・構築・運

用

2.3.2　顧客価値提供マネジメント

　持続的成功とは，前項で述べたように，製品・サービスを通した価値提供において，顧客に持続的に認められるという意味である．持続的な高収益そのものではない．もちろん，顧客に受け入れられるという意味での持続的成功によって，持続的な高収益が実現できるだろう．だが，高収益そのものは成功を意味せず，成功の結果として高収益になるという意味である．

　このように，経営の目的は，製品・サービスを通して顧客に価値を提供し，その対価から得られる利益を原資として，この価値提供の再生産サイクルを回すことにあると考えられる．品質とは，一般に「考慮の対象についてのニーズに関わる特徴の全体像」と定義される．ニーズを抱くのは顧客なので，品質とは，製品・サービスを通して提供される価値に対する顧客の評価と考えるべきである．すると，製品・サービスの品質こそが経営の直接的な目的と考えることができる．

　ところが，経営の目的は利益であるという考え方の方が一般的である．特に，厳しい経営環境で精励する経営層にとっては，「仙人でもあるまいし，霞を食っては生きていけない．利益をあげなければ会社は潰れるし，自分は首だ．価値提供が目的だなんて，そんなきれいごとばかりいってはいられない」と反論したくもなるだろう．

　だが，その利益をあげるためには，何よりも売上を増すために顧客満足という意味での製品・サービス品質の向上が必須である．そればかりか，品質経営が重視するシステム志向・プロセス重視によって効率が向上し利益を確保できる．

　顧客への価値の提供という組織設立の目的を考えるなら，利益をあげることそのものが経営の目的というよりは，顧客に価値を提供し続けるために利益をあげるのだと考えるべきである．利益は，顧客価値提供活動の総合的なよさを計る尺度であり，かつ顧客価値提供の再生産サイクルの原資と考えるほうが，健全だし，間違いない経営に導くと信ずる．

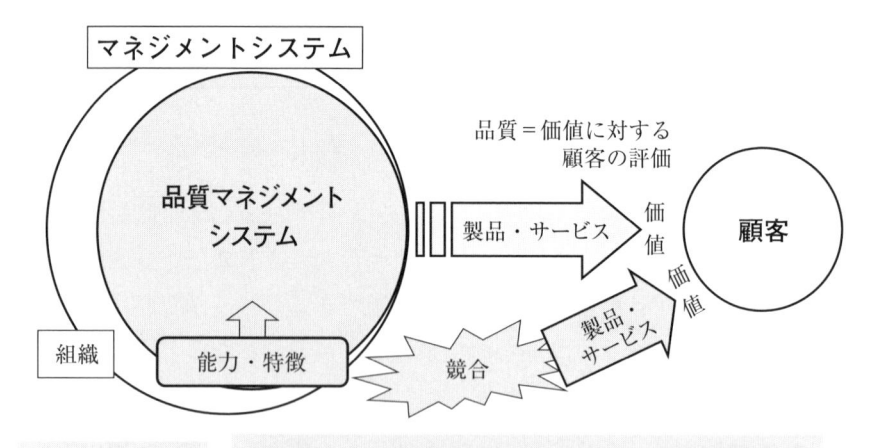

[図: マネジメントシステム／品質マネジメントシステム／組織／能力・特徴／製品・サービス／品質＝価値に対する顧客の評価／価値／顧客／競合／製品・サービス]

経営
Management

組織設立の目的：製品・サービスを通した顧客価値提供
品質：提供価値に対する顧客の評価
経営の目的：品質のよい製品・サービスの提供
利益：顧客価値提供の再生産サイクルの原資
　　　品質経営のよさの総合指標

図表 2.2　経営における品質

　製品・サービスを通して提供される価値に対する顧客の評価を維持し向上することに焦点を当てたマネジメント，すなわち「品質のためのマネジメント」あるいは「顧客価値提供マネジメント」を品質経営と呼ぶなら，品質経営は経営の広い範囲をカバーするツールとなる．

　品質のためのマネジメントの必要性，重要性は次のように説明できる．組織は顧客に価値を提供するために設立・運営される．その価値は，製品・サービスを通して顧客に提供される．その製品・サービスの品質を確かなものにするためには，それら製品・サービスを生み出すシステムに焦点を当てることが有用である．それが品質のためのマネジメントシステムである．このシステムは，目的に照らして，必然的に，総合的・包括的なものとなり，結果的に組織のブランド価値向上，さらには業績向上につながる．経営における品質の意味・意義を図表 2.2 に示す．

2.3.3　顧客価値提供における重要概念

　さて，図表 2.2 に示した意味での品質経営，すなわち顧客価値提供マネ

ジメントにおいて成功するためには以下の要件が必要である．

① **価値**：　製品・サービスを通して顧客に提供すべき価値を明らかにする
② **事業構造**：　価値提供における事業環境，事業構造を明らかにする
③ **能力**：　組織に内在する，価値提供のために使える能力・特徴を明らかにし，提供価値に対する顧客の評価に関わる競争優位の視点から，持つべき能力・活かすべき特徴の全体像（組織能力像）を明らかにする
④ **システム化**：　明確にした組織能力像を，品質マネジメントシステムに実装する
⑤ **変化**：　事業環境の変化に応じて，適時適切に対応する

実はこれらは，この順序で，第1章において例をあげながら詳細に説明してきたものである．ここで全体を整理し，それらの概念について再確認しておこう．

第一の「価値」に関して重要なこと，それは，顧客に提供しているものは製品・サービスそのものではなく，それに付随する価値であるということである．その意味では，製品・サービスは価値を提供するための手段，あるいは価値の媒体ともいえる．そして，品質経営の目的である「品質」とは，提供しえた価値に対する顧客の評価と受けとめるべきであり，そう理解したときに，品質経営の概念と方法論を拡大・深化し，現代の経営に相応しい形に進化させることができる．「価値」について考えるとき，かつて品質に関して議論されたように，製品・サービスの受取手である顧客の認識について考慮しなければならない．製品・サービスには内在する固有の価値を考えることができるかもしれないが，本書では，顧客に認知され，評価されて初めて「価値」としての意味を持つという立場をとる．

第二の「事業構造」とは，事業を取り巻く環境全般のうち，価値提供に関わる状況，環境，及びそれらの関係を意味する．その一つは，第1章1.2節で解説したように，価値提供連鎖に関わるパートナーやサプライチェーンの様相である．他には，競争に関わる関係者，すなわち競合の存在，競合による価値提供の様相もある．さらには，社会・経済の状況，制度など，

価値提供に影響を与える事業環境もまた事業構造の一つの側面である．

　第三の「能力」とは，広くは価値提供を具現化できる力という意味である．だが，ここで関心があるのは，競争環境において優位に立つために必要な能力，すなわち競争優位要因である．

　本書では，「能力」について語るとき「特徴」についても言及することが多い．能力との対比で「特徴」というとき，能力が競争優位の源泉となる力を意味しているのに対し，特徴とは中立的な意味での属性・性質をイメージしている．例えば，長身は特徴であり，それがバスケットボールなどの競技においては重要な競争優位要因になり得る．また，事業所の立地は特徴の一つであろうが，ビジネスの形態によってはそれを競争優位要因にできる．こうしたことを「特徴の能力化」などといっている．だが，こうした峻別をするまでもない優れた「特徴」もあって，文脈によっては「特徴・能力」と表現することもある．

　素直に「能力」とだけいわずに「特徴」というようなことを持ち出したのには理由がある．競争優位要因を明らかにするとき考えなければならないことがある．その事業領域の特徴，すなわち顧客・市場，基盤技術，製品・サービス，ビジネスモデルなどの特徴から，優位であるために持つべき能力を導き出したとしても，自分自身がその能力を持てるかどうかわからない．事業において成功するシナリオにも，勝負一般における勝ち方も一様ではない．いろいろな成功の仕方，勝ち方がある．どのシナリオで行くかは自分自身の特徴を理解していなければ的確には定められない．そこで，これまでの成功・失敗例などから自分自身の特徴を自覚し，これを競争優位のための能力に使えないだろうかと考察することが必要で，その意味で「特徴」という概念を持ち出している．

　さて，こうして明らかになる，競争優位の観点から持つべき能力，あるいは特徴・能力の全体像を，本書では「組織能力像」と呼ぶ．組織像，組織プロフィールではない．資本金，売上，利益，従業員数，製品，シェアなど，組織の概要を説明するものではなく，自組織が競争優位要因にしようとした能力の全体像である．

　第四の「システム化」において重視したいことは，明らかにされた組織

2.3 持続的成功

能力像を，現実に品質マネジメントシステムに実装することである．「能力」は日常的に発揮できるように業務システムに埋め込むことが重要である．「思いを形に」といってもよい．マネジメントシステムを構成するどのプロセス，リソースのどの側面が，持つべき能力を具現化するものであるか分析をして，それらのプロセス，リソースに反映できるように設計し，体系的に運用できるようにしたい．これこそが，持続的成功のための品質マネジメントシステム設計・構築・運営というべきであって，単に既存の品質マネジメントシステムモデルを形式的に適用しただけのものに比べて優劣はあまりにも明らかであろう．

第五の「変化」において重要なことは，成熟経済社会の特徴が量的変化は小さいが質的変化が大きく速いことに対応して，事業環境の変化に応じて自組織を革新し，また自組織を取り巻く状況を自組織にとって住みやすい環境に誘導していくことである．そのためには，2.1.4項で述べたように，事業環境の変化の様相とその意味を理解し，自組織の特徴を考慮しつ

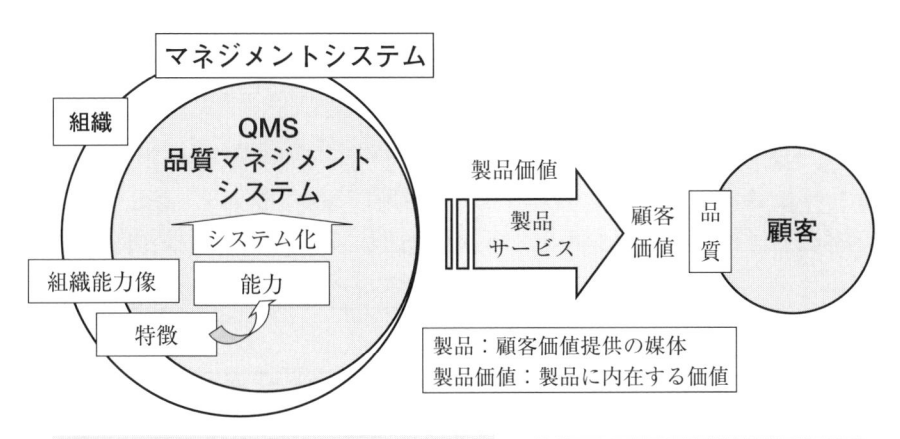

図表2.3　顧客価値提供に関わる重要概念

組織：価値提供の主体
QMS：品質のためのマネジメントシステム
能力：価値提供を具現化できる力
特徴：能力の源泉となる属性・性質
組織能力像：有すべき能力の全体像
システム化：能力・特徴のQMS実装

顧客：製品・サービスの受取手
顧客価値：顧客が認知した価値
品質：価値に対する顧客の評価

製品：顧客価値提供の媒体
製品価値：製品に内在する価値

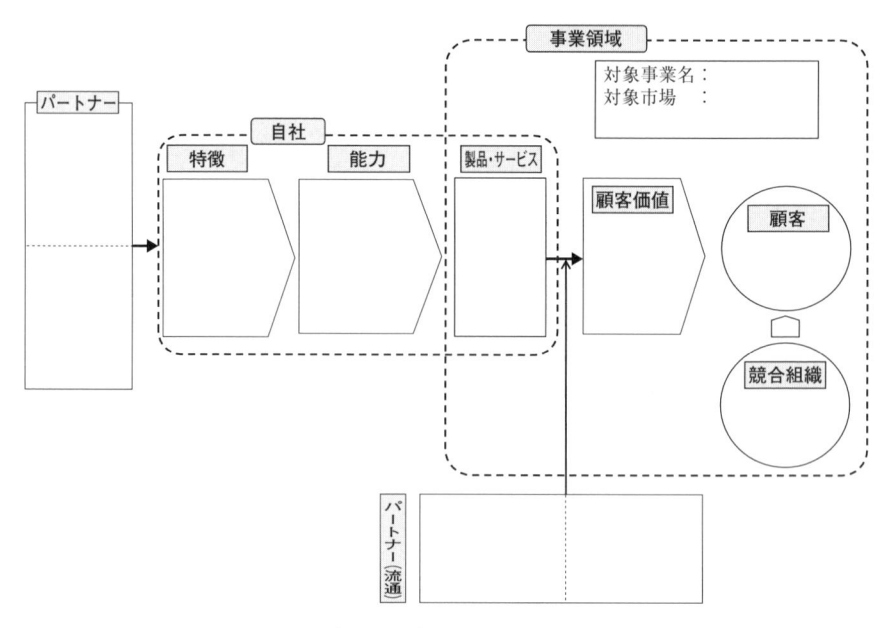

図表 2.4　事業構造の可視化

つ，変化した事業環境において自組織が持つべき能力を認識し，そして持つべき能力を具現化するため自己を革新することが必要である．

図表 2.3 に，「①価値」，「③能力」，「④システム化」に関わる重要概念の関係を示す．また図表 2.4 に，「②事業構造」の可視化のための様式を示す．これは第 4 章の適用例において活用される．なお，「⑤変化」については，これらの変化であり，図が複雑になるので，いずれの図にも示していない．

2.4　今あらためて事業について考える

2.4.1　事業＝持続的な顧客価値提供

2.3 節まで，品質立国日本を支えた品質管理・品質経営の本質を踏まえ，ときが移り成熟経済社会期にあっても十分に使える品質経営の姿を考察してきた．本節においては，品質経営という視点から一段上に登り，事業という視野で全体を見直してみたい．

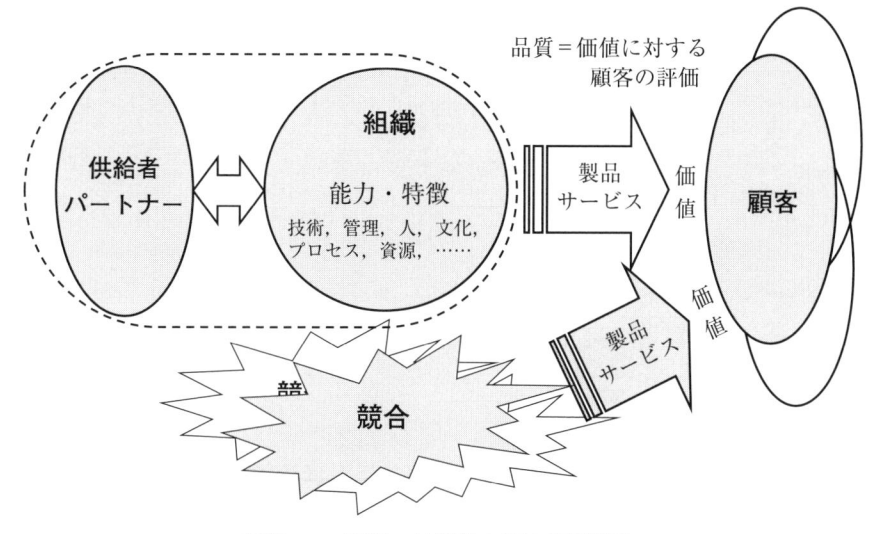

図表 2.5 事業＝持続的な顧客価値提供

図表2.5に，事業というものの捉え方を示す．この図は，事業とは，競争環境において，各組織が，多様な顧客に対して，それぞれの供給者・パートナーと連携して，製品・サービスを通して価値を持続的に提供することであると捉えていることを示している．

2.4.2 事業化の要件

図表2.5に示したような事業を持続的に営むための要件について考える．競争環境での顧客に対する価値提供という基本的性格から，以下のように整理できるだろう．

① **事業構造の理解**
  ・顧客・市場：顧客は誰か，市場はどこにあるか
  ・価値：（製品・サービスを通して）どのような価値を提供するか
  ・競合：競合は誰か，戦いの場はどこか
  ・競争優位：（自組織の特徴を生かせる）どのような能力が競争を制するか
  ・事業成立性：経済的に成立するか，よい位置にいるか，いつまで安泰か

② **事業運営体制の整備**
- 製品：製品・サービスの妥当性検討・再定義
- システム：能力発揮のための組織・プロセス・リソースの再構築
- 運営：リーダーシップ，コミュニケーション，舞台づくり

③ **事業環境変化への対応**
- 環境変化：環境変化の把握，洞察（変化の意味の理解）
- 持つべき能力の変化：環境変化による競争優位要因の変化の認識
- 革新：的確な戦略，実行指示・支援

2.4.3 事業構造の理解

　第一は，「①事業構造の理解」である．まずは，価値提供の対象である顧客，市場の定義，明確化が必要である．「顧客は誰か？」という，事業においては単純で当たり前だが，状況によっては明確になりにくい問いかけに答えることである．顧客の明確化の方法は多様である．固有名で特定できる場合もあろうが，一般には，事業領域，技術領域，保有リソース，事業ニーズ，業務プロセスなど，ターゲットにする顧客を特定する特徴・特性などで顧客プロファイルを明確にする．市場についても同様である．その特徴・特性が妥当であって，市場セグメントが確立している事業分野では，どのセグメントを対象とするか明確にする．

　次に，それらの顧客，市場に対し，どのような価値を提供するかを明確にする必要がある．そのためには，顧客ニーズの構造を知り，どのニーズを満たすことが適切であるか判断する必要がある．

　また，製品・サービスの選定プロセスあるいは購買決定要因を分析し，何が製品・サービスの優劣の判断，嗜好を決定づけるのかを明らかにし，何を認めてもらう必要があるのか明確にする．注意してほしいのは価値の媒体である製品・サービスについては，「②事業運営体制の整備」で考慮するので，この段階では「価値」についてだけ考えている点である．

　さらに，競争環境での価値提供を考えているので，競合が誰か，あるいは競争をする場はどこか，どのような範囲なのかを理解する必要がある．

　実は，競合が誰であるかを特定するのは案外難しい．製品・サービス，

提供価値によっては，同じ業種内部での競争に限らず，異業種間の競合もあり得る．ニーズを満たす手段としての具現化技術が複数ある場合に，同じ技術内での競合が問題である場合も，異なる技術との競争が重要な場合もある．実現技術とは異なり，価値提供の媒体の選択という競合もある．

例えば，お中元・お歳暮商戦というようなギフト商品では，競合が同価格帯のきわめて広い範囲の商品となる．ビールの競合が，蟹の缶詰，海苔，ハム，商品券ということだってある．

そして，自組織の特徴を考慮して，その競争の場でどのような能力をテコにするか自覚しなければならない．すなわち，まずは価値提供という目的を達成するために必要な再現可能な方法論の実行のために必要な能力を人並みに持つ必要がある．加えて，自己の特徴を活かして，競争優位となる能力を持つ必要がある．事業環境，事業構造を理解し，自己の特徴を活かした成功の仕方を考察し，その成功シナリオに必要な能力を保有することが必要である．さらに，その勝負どころで自組織が継続的に勝てるか，自組織に固有の特徴・能力がその勝負どころで活かせるかを考察し，競争優位要因，事業収益性を明らかにする．

そして最後に，果たしてそのような価値提供が「事業」として成立するかどうか検討しておかなければならない．その一つは経済的に見合うかどうかである．妥当な利益を確保できないような収益構造であれば事業として継続できない．また自組織がその事業環境，事業構造において，とくに競合との対比において「よい位置」にいるかどうかの確認も必要である．さらに，自組織が事業を営む環境，構造が，自組織にとってよい状態であり続けるか，もし脅威があるとすればそれは何か，自組織はそれに対応できるか，というような検討も必要である．

2.4.4 事業運営体制の整備

第二は，「②事業運営体制の整備」である．その一つは，製品・サービスの定義である．上記の事業構造の理解において提供すべき価値を明確にしたが，その価値を提供する上で，価値の媒体，あるいは価値提供の手段である製品・サービスが，今想定しているような概念，構想，仕様で妥当

であるかどうか検討しなければならない．ときには再定義が必要であろう．

次に，事業構造の理解で明らかにした持つべき能力を日常的・体系的に発揮するために必要な組織，プロセス，リソースを明らかにし，必要なら再構築しなければならない．そしてそのシステムを成功裏に運用しなければならない．そのためには，リーダーシップ，コミュニケーション，組織構成員の活動の舞台作りなど，よい組織の運営において見られる優れた組織運営がなされなければならない．

さらに，その事業の運営に必要な多くの関係者の間の価値提供ネットワークが円滑に機能するようにすることも必要である．

2.4.5　事業環境変化への対応

第三は，「③事業環境変化への対応」である．そのためには，これまでにもたびたび述べてきたように，まずは，環境変化を把握し，変化の意味を理解する洞察力が必要である．どのような変化があり得るか，どのような変化が起きているかを理解している必要がある．そのためには，自組織，協力組織，競合，顧客，市場，適用技術，ビジネスモデルなどの事業環境の変化の分析が必要である．さらに，政策，社会情勢，文化・価値観，人口動態，基盤技術などの事業の周辺環境の変化の分析もまた必要になることがある．

また，変化した事業環境における競争優位要因の変化，すなわち自組織が持つべき能力の変化を認識しなければならない．そして，的確な戦略の立案，実行の指示・支援により確実に革新をしていかなければならない．

2.5　品質経営の再認識

2.5.1　成熟経済社会の経営

どのように時代が移ろうと，事業とは持続的な顧客価値提供マネジメントであることに変わりない．成熟経済社会期を迎えた現代の経営において，顧客に価値を提供するという事業を持続的に行うための経営の方法論

2.5 品質経営の再認識

が，是非とも必要である．その経営スタイルは，どこに軸足を置くべきなのだろうか．それこそさまざまな論がありそうだが，「事業」という経済活動，社会活動に対するここまでの考察を踏まえると，以下のように整理できるだろう．

- 顧客価値提供の基盤確立
- 組織能力像の認識
- 変化への対応
- 自律型精神構造の確立

第一に「顧客価値提供の基盤確立」をあげた．成熟経済社会を迎え，あらためて事業の原点に返り，経営基盤としての製品・サービスを通した顧客価値提供を確固たるものにする必要があろう．そして，基本の尊重，愚直，誠実をモットーとした経営が望まれる．変化の時代に，軽薄に対応するばかりでなく，変化の時代だからこそ，顧客価値提供の視点で基本に忠実な経営を守っていきたい．

第二に「組織能力像の認識」をあげた．競争環境での価値提供において，持続的成功を現実のものとするために，事業環境の変化に応じて自らが有すべき「あるべき姿」を認識し，必要とされる「能力」を確保し維持し向上していくことを重要視するような経営をしたい．

第三に「変化への対応」をあげた．繰り返し述べているように，成熟経済社会は変化が激しい．量的な変化はわずかだが質的な変化は大きく頻繁である．こうした変化の時代において，変化を認識し適切に対応できるような経営をしていきたい．そのためには，これも繰り返し述べてきたように，変化の認識，すなわち環境変化の把握と変化の意味の理解・洞察と，変化への対応，すなわち的確な戦略と旺盛な実行力を基本とする経営スタイルを貫きたい．

第四に「自律型精神構造の確立」をあげた．変化の時代の経営の基本として，適応・対応から提案・創出へという価値観が重要である．悠然と変化していく社会であるなら，状況対応型の経営で成功できるだろう．だが，激しく変化していく事業環境にあっては，それでは時代遅れになりかねない．時代のニーズ，価値観を先取りする提案・創出が望まれる．これ

を可能にするためには，時代を見る目，自らの価値基準，そして先頭に立つ勇気を持つことを認める経営スタイルを確立したい．

2.5.2 品質経営の可能性

2.5.1項で述べたようなスタイルの経営を，何を基盤として行っていくか．顧客価値提供を基盤とするということから，製品・サービスを通して提供した価値に対する顧客の評価が品質であると考えた上での品質経営をその第一候補にするのがよいだろう．品質経営には「顧客志向」という価値観があるのだから．

組織能力像を明確にできたとして，その能力を日常的に発揮するためには，マネジメントシステム，すなわちプロセスやリソースに実装する必要がある．どのようなマネジメントシステムを設計・構築・運営するかを合理的に考察するためにも品質経営が適切だろう．品質経営には「システム志向」という基本的考え方があるのだから．さらに，品質経営には，経営における「ひと」の重要性を強調するという特色がある．「ひと」は最も重要な経営リソースであり，組織能力像を担う重要な要素となり，必要な能力を組織的に保有しレベルレベルアップしていくうえで都合がよい．

変化への対応のためには「変える」ことが基本となる．品質経営，特に日本的な品質経営には，「改善」を重視するという好ましい特徴がある．これを拡大・深化することによって革新というマネジメントスタイルを実質的なものにできるだろう．

自律型精神構造については，品質経営に内在している経営スタイルによっては，即効性は望めないかもしれない．しかしながら，顧客価値，能力の実装，変化への対応の3項目についての品質経営の親和性を考慮すると，成熟経済社会の望まれる経営スタイルの実現のために品質経営を基礎にすることは愚かな選択とは言えないだろう．もちろん古典的な品質管理・品質経営では不十分で，本章で述べてきたような性格，特徴を付与した，進化した品質経営にする必要はあるだろう．

2.5.3 持続的成功の基盤となる行動原理

品質経営の可能性を考慮しつつ，顧客価値提供における「持続的成功」の基盤となる行動原理について考えてみたい．いろいろ考えられるが，図表2.6に示すように，以下の4項から成ると考えられる．

① **顧客志向**
- 顧客の期待・ニーズに対する鋭い感受性
- 顧客価値創造・実現の重視

② **システム志向**
- 目的志向の思考・行動
- 目的達成手段への展開：計画，設計
- 要因系の管理(プロセス管理，源流管理，予測と予防)
- 学習(PDCA，改善，本質把握)

③ **ひと中心**
- 人間尊重(自己実現)
- 技術＋マネジメントの補完と超越(知の創造)
- 全員参加(すべての人々の経営参画)
- チーム，組織(個と組織のWin-Win関係)
- 人の弱さの克服・許容・補完(ヒューマンファクター工学)

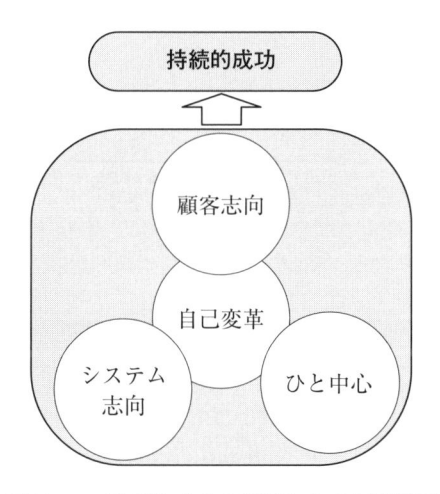

図表2.6 持続的成功の基盤となる行動原理

④ **自己変革**
- 変化の様相とその意味を知る(学習能力)
- 自己の強み・特徴を認識する(強み・特徴,成功へのシナリオ)
- あるべき姿を認識する(競争優位要因,組織能力像)
- 自己を変革する(革新,異質性の許容)

 これらの行動原理のうち,①～③は,品質立国日本を支えた品質経営の基本的考え方,あるいは品質経営における行動原理にほかならない.④は,変化に対応する能力,もしくは環境に適応して自身を変化させていく組織としての能力,改善・革新の能力である.成熟経済社会期に重要性が高まったが,これも視野を広げれば「改善」の成熟経済社会期版ともいえる.つまり,④はもとより品質経営の根幹をなすものである.何のことはない,持続的成功のためには,かつて高度成長期に成功できた理由である品質管理の基本的考え方,方法論,手法を今また改めて再認識すべきであるということにほかならない.

 品質経営における「品質の意味」,「品質達成の方法論」を拡大・深化させ,すなわち「価値の視点で事業を見直し,必要な能力をシステムに実装し,変化に対応する」ことによって,成熟経済社会に相応しい「進化した品質経営」に衣替えすることができて,これに愚直に取り組むことによって,品質立国日本の再生は可能なのである.

第3章 持続的成功を実現する品質マネジメントシステムの概念モデル

　組織の持続的成功のためには，製品・サービスを通して顧客に提供する価値が競合との対比において優位であり続ける必要がある．

　そのためには組織の特徴を活かして，競争優位を実現する能力を現実のものとしなければならない．そして，それらの能力を日常的に発揮できるようにするためには，適時適切に変化に対応する能力ともども，QMS に実装する必要がある．

　それでは，能力を実装する受け皿としての QMS をどう設計し，構築し，運用すればよいのだろうか．本章では，組織が持つべき能力を特定し獲得した能力を活かすために必要な要素を網羅した JIS Q 9005 が提示する QMS の概念モデルを紹介する．

3.1　QMS 概念モデルの全体像

　持続的成功を実現するための QMS の設計においては，まず，
① 　組織が提供する顧客価値
② 　顧客価値提供において優位であるために必要となる能力
③ 　その能力を具現化する QMS
という3つの要素間の関係を理解する必要がある．

　さらに，「変化への対応能力」を確実なものにするため，組織と個人の学習能力の向上とともに，改善・革新を組織的に実施できるような内部監査，有効性レビュー，自己評価，戦略的レビューを実装する必要がある．

　この持続的成功を実現するための QMS の設計・構築の手引きとして，「JIS Q 9005 品質マネジメントシステム－持続的成功の指針」が制定されている．

　この章では，JIS Q 9005 で採用されている持続的成功のための品質マネジメントシステムモデルのベースとなった QMS モデルの基本概念を，

第3章 持続的成功を実現する品質マネジメントシステムの概念モデル

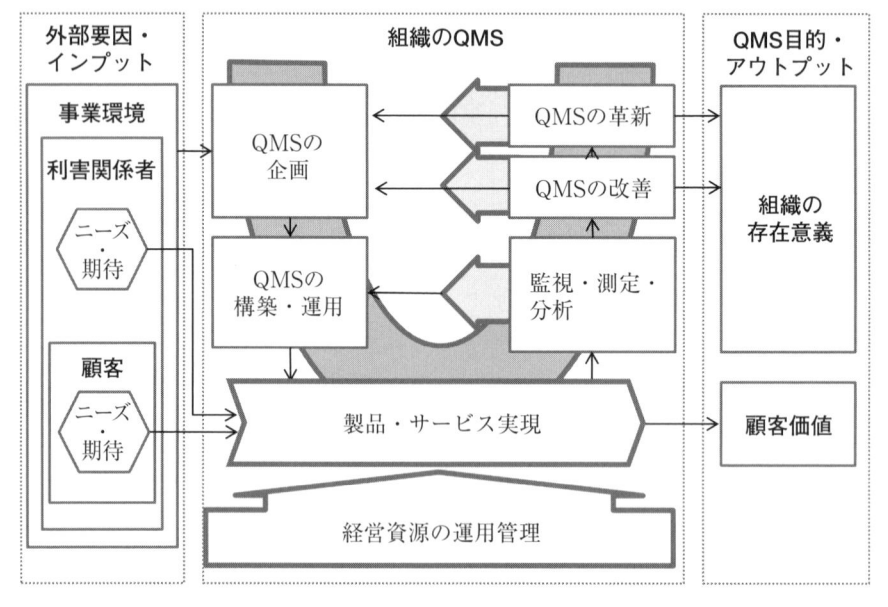

図表 3.1　持続的成功のための QMS の全体像

図表 3.1 に示す持続的成功のための QMS の全体像に沿って紹介する．

　持続的成功のための QMS の全体像は，QMS を取り巻く外部要因のもと QMS へのインプットを受けて，組織の持続的成功のための QMS を運用し，QMS の目的を達成し期待されるアウトプットを実現するという，いわばインプット → QMS → アウトプットという基本的な枠組みで記述されている．

　「外部要因・インプット」は，顧客のニーズ・期待，さらにその他の利害関係者のニーズ・期待を含む事業環境から構成される．これらの外部要因・インプットは，どのような顧客価値を提供すべきかを規定し誘導するものであり，また組織が競争優位を発揮する場でもある．

　「QMS の目的・アウトプット」は，直接的には顧客に受け入れられる価値の提供であり，さらにその提供価値に加え，価値提供に関わるさまざまな活動がもたらす組織の存在意義の確立である．

　「組織の QMS」は，競争環境において，製品・サービスの提供を通して，顧客・利害関係者のニーズ・期待に適合する価値を実現する諸活動と

それらの活動を可能にする諸要素・側面の総体である．

「QMSの企画」,「QMSの構築・運用」は，組織の目的を達成できるようにQMSを企画し，構築し，運用し，必要に応じて再構築する機能に関わる要素から成り立つ．「QMSの企画」と「QMSの構築・運用」で具体化された「製品・サービス実現」を運用することで，顧客への価値提供が行われる．

製品・サービスの実現に当たっては，価値提供に資される経営資源を含め，QMSを運用するための経営資源が必要となるが，これらは「経営資源の運用管理」によって支えられる．

「監視・測定・分析」は3つのフィードバックループの起点となる．

第1のループは，製品・サービスの改善及びプロセスの改善のためのフィードバックである．製品に関連するものは製品・サービス実現の中の「製品・サービスの企画」，さらには「QMSの構築・運用」にフィードバックされ，より魅力的な新製品・サービスの開発に活かされる．プロセスに関連するものは，「QMSの構築・運用」にフィードバックされ，プロセスの修正あるいは手順変更などに具体化される．

第2のループは，QMSの改善にインプットされた後，内部監査および有効性レビューの結果として，「QMSの構築・運用」,「QMSの企画」にフィードバックされ，QMSの改善のきっかけとなる．

第3のループは，QMSの改善にとどまらず，さらなる革新が必要となる場合を示しており，「QMSの革新」の自己評価及び戦略的レビューの結果が「QMSの企画」にフィードバックされ，QMSの再設計のきっかけとなる．

3.2 QMSの外部要因

持続的成功に大きな影響を与える外部要因として，事業環境，利害関係者，そして顧客があり，これらの状況がQMSの設計へのインプットとなる．事業環境，顧客，利害関係者のニーズ・期待は図表3.2に示すとおり入れ子関係にあり，日々刻々と変化し組織のマネジメントシステムの前提

外部環境

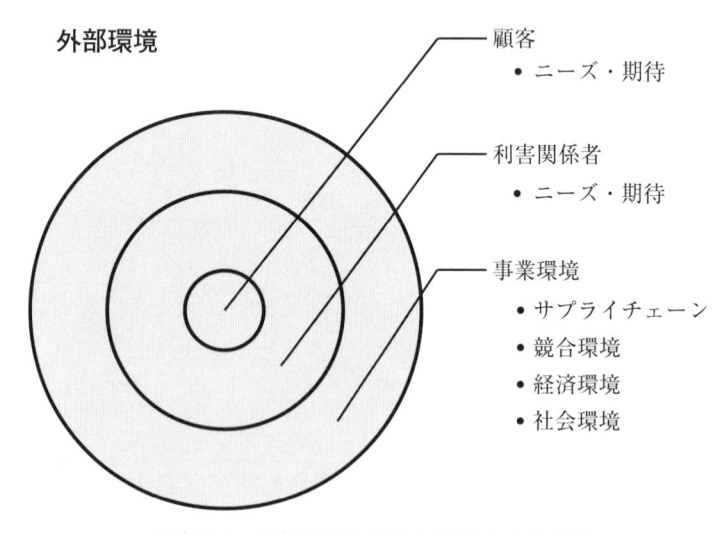

- 顧客
  - ニーズ・期待
- 利害関係者
  - ニーズ・期待
- 事業環境
  - サプライチェーン
  - 競合環境
  - 経済環境
  - 社会環境

図表 3.2　外部環境の階層と考慮すべき事項

条件に大きな影響を与え続ける．

　成熟経済社会におけるグローバル化された経済環境では，過酷な生き残り競争が展開されている．そのため，事業環境の変化は組織の競争力に，顧客・利害関係者のニーズ・期待とのギャップは，組織の存続そのものに重大な影響を及ぼすことになる．

　外部要因に対する組織の状況把握能力と分析能力は，持続的成功のために組織が有すべき重要な能力の一つである．組織が，持続的成功を達成するためには，これらの外部要因を常に監視することが大切である．また，期待するパフォーマンスと実績とのギャップを認識し，その原因となるような外部要因の変化の兆しを見抜き，必要な対応を適切かつ迅速に講じることが重要である．

3.2.1　事業環境

　外部要因の一つである事業環境は，サプライチェーンの状況，市場の状況，競合の状況，マクロ経済の状況，さらには，顧客・利害関係者の動向を含めた組織を取り巻く環境の重要な要因をすべて含んでいる．この事業環境は，組織の価値提供，価値創造活動，そして価値を受け入れる市場に

大きな影響を及ぼす．それゆえ事業環境への適応が，現在及び将来における組織の成功の成否を決定する．

事業環境は日々刻々と変化している．特にグローバル化された経済環境ではその変化が速く，事業環境の変化に迅速に対応することが，持続的成功のために中長期スパンで組織が解決すべき最大の課題である．

事業環境は，それに対する迅速な対応を可能とするために，組織のQMSの要素の一つである「QMSの企画」にインプットされる．QMSの企画では，インプットされた事業環境の分析をもとに，提供顧客価値，組織能力像，事業シナリオ，QMSの設計，QMSの要求事項が明確化され，ここで明確にされた事項が，その後のQMSの改善・革新の際の基準となる．

3.2.2 顧客・利害関係者のニーズ・期待

顧客・利害関係者は概念的に事業環境に含まれている．特に顧客・利害関係者のニーズ・期待は，組織が提供する価値を具現化する製品・サービスに対して，直接的で決定的な影響を持っている．

顧客のニーズ・期待は，組織が提供する価値に対する顧客の判断基準であり，組織が提供する製品・サービスに付随する価値が顧客のニーズ・期待に応えていることが組織の存在理由ともいえ，その達成なくして組織の成功はあり得ない．

顧客のニーズ・期待は，市場環境や社会環境で変化し続けており，未開拓のニーズ・期待には大きな可能性がある．また，代替技術による価値の新しい提供方法は既存市場の大幅な拡大の可能性を秘めている．

顧客以外の利害関係者は，将来の顧客として位置づけられるとともに，市場に働くある種の制約条件として機能する．顧客のニーズ・期待と同様に，利害関係者は，顧客が製品・サービスを通して提供される価値を受け入れるかどうかの判断基準の一部となる．

顧客・利害関係者のニーズ・期待は，組織のQMSの「製品・サービス実現」にインプットされる．組織は，顧客・利害関係者のニーズ・期待を分析し，価値提供すべき市場を決定し，必要なマーケティング，研究開発を行い，実現すべき製品・サービスを企画する．

3.3 QMSの構成要素

持続的成功のためのQMSモデルには，QMSが備えるべき要素として，QMSの設計，構築・運用に関連する「QMSの企画」，「QMSの構築・運用」，限られた経営資源を最大限に活用するための「経営資源の運用管理」，提供すべき価値を実現する「製品サービスの実現」が含まれている．

これらに加え，製品・サービスのでき映え，各プロセスのパフォーマンス，QMSの有効性を評価し，それぞれの改善に役立てるインプットとするための「監視・測定・分析」，そしてQMSの有効性の評価に関する「監視・測定・分析」の結果を活用し，持続的に有効な競争力の源泉を確立し維持し続けるQMSの構築を推進する「QMSの改善」，「QMSの革新」もその構成要素に含んでいる．本節では，これらの要素について概観する．

3.3.1 QMSの企画

「QMSの企画」は，事業環境，顧客を含む利害関係者のニーズ・期待をインプットとして，顧客価値，組織能力像，事業シナリオを特定し，QMSの設計，QMSの要求事項の特定に至る一連の活動である．将来における競争力の源泉は，この段階で決定される．

QMS企画の重要要因とその活動の流れを図表3.3に示す．

第1章，第2章で述べてきたように，顧客・利害関係者のニーズ・期待を考慮し提供すべき顧客価値を明確にする(顧客価値)，事業環境，組織の特徴・能力を考慮し成功への道筋を描く(事業シナリオ)，持つべき能力を明確にする(組織能力像)，QMSを構成するプロセスの全体像を把握する(QMSの設計)，QMSの基本仕様を決定する(QMSの要求事項)という流れが基本となる．

QMSの企画の流れにおける一つのアウトプットがQMSの設計である．QMSの設計の後には，組織がQMSを構築し，運営した後も定期的な見直しが必要である．定期的な見直しの必要性は，「監視・測定・分析」，「QMSの改善」，「QMSの革新」のアウトプットにより示される．

組織能力像，事業成功への道筋としての事業シナリオに変更の必要がな

3.3 QMSの構成要素

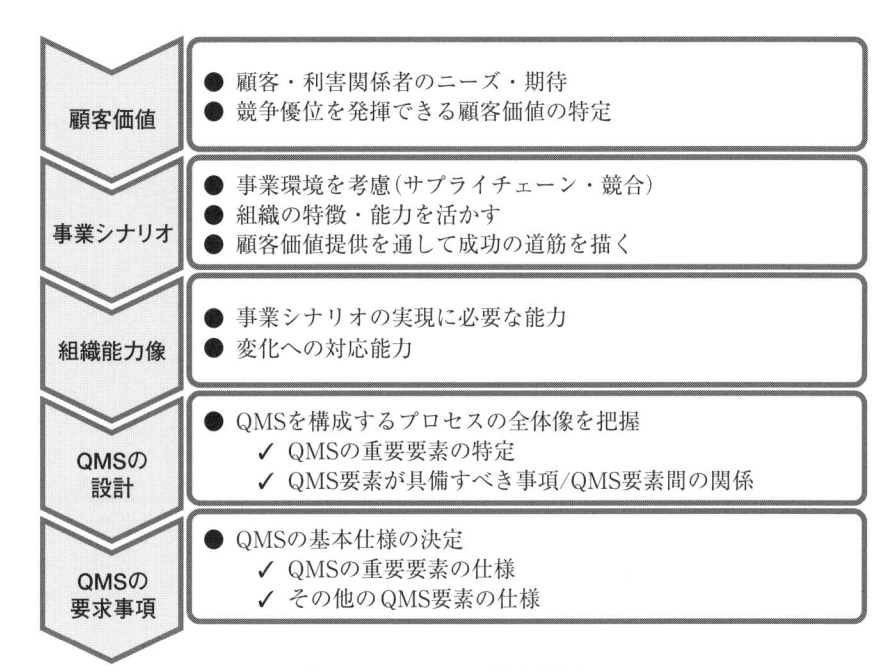

顧客価値	● 顧客・利害関係者のニーズ・期待 ● 競争優位を発揮できる顧客価値の特定
事業シナリオ	● 事業環境を考慮(サプライチェーン・競合) ● 組織の特徴・能力を活かす ● 顧客価値提供を通して成功の道筋を描く
組織能力像	● 事業シナリオの実現に必要な能力 ● 変化への対応能力
QMSの設計	● QMSを構成するプロセスの全体像を把握 　✓ QMSの重要要素の特定 　✓ QMS要素が具備すべき事項/QMS要素間の関係
QMSの要求事項	● QMSの基本仕様の決定 　✓ QMSの重要要素の仕様 　✓ その他のQMS要素の仕様

図表 3.3　QMS の企画の流れ

い範囲内では，監視・測定・分析のアウトプットが QMS の構築・運用へのインプットとなる．組織能力像あるいは事業シナリオの変更が必要となる場合は，QMS の再設計が必要となる．

　QMS 構築時の「QMS の企画」においては，事業環境，顧客を含む利害関係者のニーズ・期待が考慮すべきインプットであったが，QMS の再設計が必要とされる場合の QMS の企画においては，「QMS の改善」，「QMS の革新」が考慮すべきインプットに追加され，外部環境の変化，組織能力像の発揮状況，QMS の有効性の改善を加味した QMS の再設計が行われ，環境変化への全組織レベルでの対応が可能となる．

3.3.2　QMS の構築・運用

　「QMS の企画」のアウトプットである，QMS の設計と QMS の要求事項は，「QMS の構築・運用」へのインプットとなる．QMS の構築・運用は，図表 3.4 に示すとおり，QMS の構築と QMS の運用の 2 つの主要要素

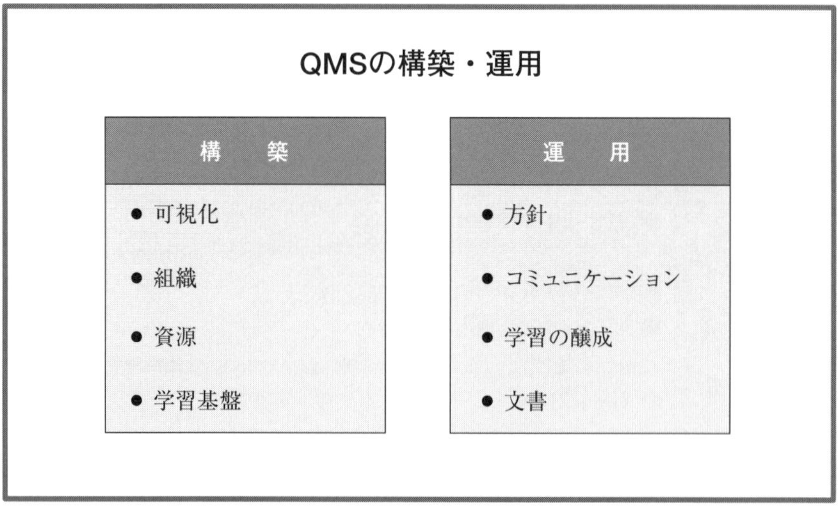

QMSの構築・運用

構築
- 可視化
- 組織
- 資源
- 学習基盤

運用
- 方針
- コミュニケーション
- 学習の醸成
- 文書

図表 3.4　QMS の構築・運用の主要構成要素

から構成される．

　QMS の構築は，「QMS の企画」で特定した顧客価値，組織能力像，事業シナリオをインプットとして，QMS の全体構造の決定，決定した QMS 構造の可視化，必要となる資源の確保を行う．加えて QMS 全体を通し，変化し続け成長する組織風土を形成するため，継続的な改善・革新の基盤となる学習の風土の醸造が推奨されている．

　組織は，学習することにより，事業環境の変化に俊敏に対応する能力及び必要となる新たな能力を獲得する．さらに獲得した能力を効果的に活用する QMS を構築することが組織の競争優位の源泉となる．

　QMS の運用では，品質方針の設定，組織内部のコミュニケーション網の整備，学習環境の整備が重要である．なお，構築した QMS，設定した品質方針を共有し，組織の方向性を明確に示すため，また整備したコミュニケーション網や学習環境の活用推進のために，QMS の文書化が必要になる．

3.3.3 製品・サービス実現プロセス

「QMSの構築・運用」のアウトプットを受け，「製品・サービス実現」のプロセスが運用される．製品サービス実現により，顧客のニーズ・期待に適合する製品・サービスが生み出され，それら製品・サービスを通して顧客に価値が提供される．

「製品・サービス実現」の主要要素を図表3.5に示す．

これらの主要要素は，各々その機能を果たす「製品・サービス実現」の一連のプロセスとなる．

JIS Q 9005のQMSモデルの特徴は，ISO 9001のQMSモデルにはないマーケティングと研究開発，さらには販売を含んでいることである．

JIS Q 9005のQMSモデルにマーケティングと研究開発が追加されている理由は，持続的成功のためのQMSのモデルにおいては，ターゲット顧客に対して提供する製品・サービスのコンセプトが明確になっている状況が必要だからである．換言すれば開発すべき製品・サービスにプロジェクト名が付与された段階で顧客満足にとどまらず，市場の動向を知り，将来を見据えた技術開発こそが肝要であるとの考えによる．

さらに販売が追加されているのは，製品・サービスを通した価値提供における顧客との接点の機能を重視したいからである．単に商品を売るという意味でなく，製品・サービスを通して意図した価値を提供できるようにするためのすべての活動，提供した価値に対する顧客の反応の把握までも含むプロセスである．

製品・サービス実現

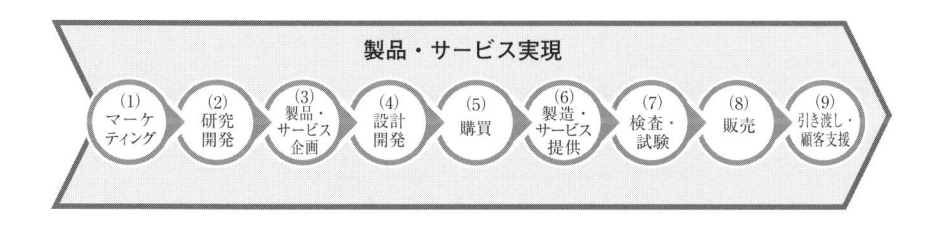

(1) マーケティング → (2) 研究開発 → (3) 製品・サービス企画 → (4) 設計開発 → (5) 購買 → (6) 製造・サービス提供 → (7) 検査・試験 → (8) 販売 → (9) 引き渡し・顧客支援

図表3.5　製品・サービス実現の主要構成要素

(1) マーケティング

マーケティングは，組織が提供しようとしている製品・サービスのコンセプト，対象とする市場・顧客の特定，製品・サービスの提供戦略を策定するプロセスである．組織の特徴・能力を事業シナリオに沿った形で実現するためのプロセスであり，競争優位を確立し維持するために，「マーケティング」は不可欠である．

(2) 研究開発

持続的成功のために，組織の事業の成否を左右する技術(コア技術)を獲得し，維持することが最も重要な要因の一つとなる．

顧客に受け入れられる製品・サービスを提供し続けるための技術的基盤の維持，特定ニーズに応える技術あるいは潜在ニーズに対応する製品を可能にする技術の開発を事業シナリオに沿った形で計画し推進するためのプロセスが「研究開発」である．

(3) 製品・サービスの企画

マーケティング，研究開発の成果を踏まえ，顧客に提供する製品・サービスを決定する．また，その製品・サービスの特徴，顧客へのアピールポイント，採用すべき技術，生産形態や場所，販売方法及びサービス体制などを決定する．

こうしたことにより，組織の能力を十分に発揮し，優位性を備えた競争力のある製品の実現を計画的に実施するプロセスが「製品・サービスの企画」である．

製品・サービスの企画で最も重要なのは，以下の点を考慮して，顧客へのアピールポイント，採用すべき技術，生産形態や場所，販売方法及びサービス体制などを決定することである．

① サプライチェーンの状況，製品・サービスのライフサイクル
② 製品・サービス以外の優位性を示す要素

3.3　QMSの構成要素

(4)　設計・開発

　製品・サービスの企画にもとづき，以下のことを決定するプロセスが「設計・開発」である．

　① 実現すべき製品・サービスの仕様
　② 採用すべき技術の詳細，部品・材料，及びそれらの基本仕様
　③ 製品・サービスの実現方法の詳細

　製品・サービスに付随する競争優位要因の多くは「設計・開発」で決定される．

　市場における製品・サービスの競争優位要因は，多くの場合，市場にこれらが投入されるタイミングに大きく左右される．そのため，顧客・利害関係者のニーズ・期待に応える製品・サービスを設計・開発することに加え，設計・開発期間の短縮を図ることも重要となる．

　競争力のある製品・サービスの設計・開発を実現するためには，設計・開発の段階を決め，進捗管理及び変更管理を確実に行う．また，段階ごとの評価の方法及び設計・開発に関する責任者を決め，計画的に設計・開発を推進することが重要である．

(5)　購買

　製品・サービスの実現，またQMSの運営に必要となる，各種資材，部品，サービス，設備・機器などを調達するプロセスが「購買」である．

　組織が必要とする特徴・性能を備えたものを，必要となる量を，迅速かつ適正な価格で準備することがこのプロセスの主な使命である．購買先の評価・決定，購買先のネットワークの充実，購買先との有効かつ密接な関係を維持するためのコミュニケーションの確立などが主な活動となる．

(6)　製品・サービス実現

　製品・サービスの設計・開発のアウトプットにもとづき，顧客に提供する製品・サービスを具現化するプロセスが「製品・サービス実現」である．このプロセスのアウトプットは，直接顧客へ提供される．

　製品・サービスの企画，設計・開発で決定した製品・サービスについ

て，目標どおりの品質で，必要な時期，必要な量だけアウトプットすることがこのプロセスの使命である．

　製品・サービスを具現化するためのプロセスの確立，各プロセスのインプット・アウトプットの明確化，プロセスの活動と結果の評価の手順の明確化，プロセスに必要な資源の確保，識別・トレーサビリティの管理，製品・資材の保存や保管の手順の確立が重要となる．

(7)　検査・試験

　顧客に提供される個々の製品・サービスがねらった性能，品質を達成できているかどうかを確認するプロセスが「検査・試験」である．

　検査・試験は製品・サービス実現の適切な段階で実施されることが望ましい．製品・サービス実現におけるプロセス保証の程度に合わせ，製品・サービス実現の完了後，適切な方法と頻度で検査・試験することも重要である．

　検査・試験で不合格となった製品・サービスの良品との混同を避けるため，またこれらのものの処理のための取り扱いを決めておくことが重要である．なお，検査・試験の重要度に合わせ，検査・試験に使用する機器の管理が必要となる．

(8)　販売

　顧客に提供すべき価値は，製品・サービスが顧客に購入され，使用されることでその真価を発揮する．

　製品・サービスは，製品・サービスの企画により，ねらう市場，持つべき特徴，意図する優位性が明確にされ，それにもとづき戦略的に設計・開発された結果として生み出されることが望ましい．

　戦略的に設計・開発された製品・サービスをその戦略に沿った形で，宣伝，販売チャンネルを決定し，販売量を最大にするためのプロセスであり，ポテンシャル顧客への情報提供が重要な活動の一つとなる．

　「販売」プロセスは，顧客との良好な関係を築きリピーター戦略を構築する絶好の機会でもある．販売契約に至る手順などを決め顧客とのスムー

ズな取り決め，保証や販売による特典の設定などにより顧客にポジティブな印象を与えると同時に，顧客情報や顧客とのコミュニケーションの強化による囲い込みなども考慮する必要がある．

(9) 引き渡し・顧客支援

顧客が提供した価値を最大限に認識するのは，製品・サービスの購入後，顧客が購入した製品・サービスを使用するときである．

必要となるメンテナンス，消耗部品の交換などの情報を適切に提供することにより，顧客の疑問や不安を解消する，修理サービスの提供方法を明示するなど，顧客が製品・サービスを使用するに際して，疑問や不満を感じないようすることが重要である．

また，疑問や不満の解消，あるいは修理の必要が生じた場合は，正確かつ迅速に対処することで，顧客の不満を解消するにとどまらず顧客の信頼を獲得する機会とすることも可能である．

十分な顧客支援は顧客が次に購入する際の選択に優位に働く重要な要件であり，顧客が製品・サービスの使用を終え，廃棄するまでの期間提供することが重要である．

3.3.4 経営資源の運用管理

「経営資源の運用管理」は，直接的には前項の「製品・サービス実現プロセス」を支える機能であるが，事業シナリオの実現や事業目的の達成に関わるQMSの運用，QMSの改善・革新を含むすべての活動を支える，QMSの基盤となる．QMSにおける重要な経営資源を図表3.6に示す．

(1) 組織の人々

組織の人々は，QMSの全般にわたり強い影響を与え，組織の事業目的達成に最も重要な経営資源と位置づけられる．組織のすべての人々が必要な力量を備えることで，顧客価値の創造・提供に多大な貢献をすることが可能となる．

人々が高い意欲を持てるようにし，力量を発揮できる基盤を整え，計画

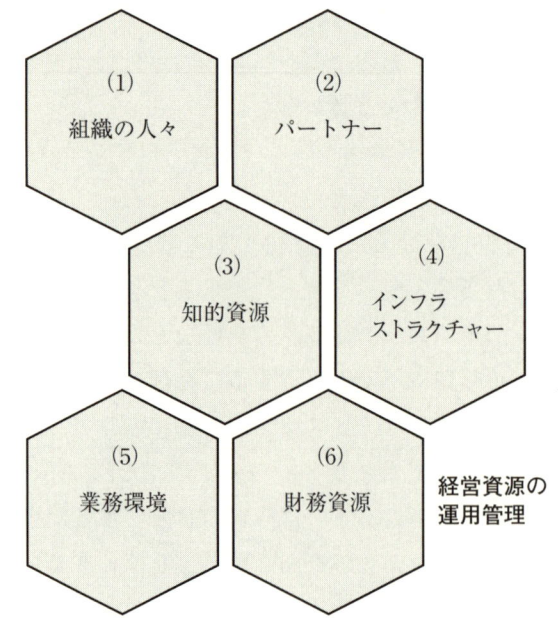

図表 3.6　経営資源の運用管理の主要構成要素

(1) 組織の人々
(2) パートナー
(3) 知的資源
(4) インフラストラクチャー
(5) 業務環境
(6) 財務資源

経営資源の運用管理

的な力量開発をし，また適切な人事をすることが重要である．計画的な力量開発のためには，必要な力量の開発ニーズの特定，計画的な力量開発，教育・訓練の実施が重要である．

(2) パートナー

組織は，価値創造のために必要となる何らかの支援あるいは価値提供を組織外部から受けている．これら支援あるいは価値提供を受ける外部組織をパートナーと位置づけ，パートナーとの関係の構築，維持，改善を行うことで，顧客価値提供をより優位に推進することが可能となる．

パートナーとの関係構築に際しては，パートナーの選択，パートナーの評価，パートナーの力量の改善及びパートナーへの配慮が重要となる．

(3) 知的資源

組織の競争優位は，組織がその優位性を発揮するのに必要となる新たな

情報，知識・技術を組織内外から獲得こと，組織内の個人が持つ情報，知識・技術を共有化し活用することで強化される．

知的資源の運用管理においては，情報の取捨選択，変換，入手及び適用，知識・技術の標準化，再利用，選択，識別及び適用などを考慮すべきである．

組織内部に蓄積される知的資源は，学習の基盤・醸成の成果である．新たな知的資源の獲得には，学習の基盤・醸成が欠かせない．

学習により個人に蓄積される経験・知識が，知的資源として形式化されることによりプロセス改善の原動力となる．

学習による知的資源の蓄積はすべてのプロセスで行われなければならないが，変化に迅速かつ的確に対応するQMSに重要となるのは，「QMSの企画」における各種分析，「監視・測定・分析」における事業環境の変化，パフォーマンスの監視などである．

これらのプロセスに蓄積される過去の分析結果や経験が活かされることで，市場に密着し競争優位を確立し維持し続けるためのQMSの設計・構築が可能となる．

(4) インフラストラクチャー

建物，作業所，関連するユーティリティ，設備，さらに輸送，通信，情報システムなどの支援体制は，製品・サービス実現を効果的かつ効率的に実施するために必要となる重要な経営資源の一つである．

インフラストラクチャーには，事業活動の基盤を継続的に維持するためのインフラストラクチャーの整備計画，インフラストラクチャー運営管理が含まれている．

(5) 業務環境

組織のパフォーマンスを高めるためには，組織の人々の意欲，満足，パフォーマンスに好影響を与える業務環境の構築，整備が重要である．

よい業務環境を実現するためには，安全，人間工学，職場の配置，施設，職場環境及び職場の人間関係への配慮が必要である．

(6) 財務資源

効果的かつ効率的な QMS を長期にわたって維持するためには，その実施・維持に必要な財務資源の確保が重要である．

長期にわたって安定的に財務資源を確保するためには，必要な財務資源を計画し，確保し，管理しなければならない．QMS の財務報告に関する事項や QMS に対する投資効果に関する配慮なども必要である．

3.3.5 監視・測定・分析

製品・サービス，プロセス，QMS の改善・革新を継続的に推進することで，組織の競争力は維持，強化される．

「監視・測定・分析」は，QMS 活動の結果を製品・サービス，プロセス，QMS の改善・革新につなげ，持続的成功を実現するために最も重要な活動の一つである．これら製品・サービス，プロセス，QMS を定常的に監視・測定・分析することが重要である．監視・測定・分析の主要構成要素を図表 3.7 に示す．

監視・測定・分析で把握した事項で，製品・サービス，プロセスに関連するものは，製品・サービス，プロセスの改善のため，「QMS の構築・運用」に活用される．製品・サービスに関連する一部のものは，直近の製品・サービスの改善のために，直接「製品・サービス実現」の製品の企画に活用される．顧客の認識，その他利害関係者の認識は「QMS の改善」へのインプットとなる．また事業環境の変化，QMS のパフォーマンスの監視・測定・分析の結果は「QMS の革新」へのインプットとなる．

(1) 製品・サービスとプロセス

製品・サービスがそれらの仕様・要求事項に適合していることは，組織の持続的成功に最も重要な要件である．組織は，製品・サービスとその実現プロセスに関して，定常的に適切な方法と頻度でその状況を監視する必要がある．

製品・サービスやプロセスの監視方法を決定するにあたって考慮すべき事項は，監視・測定対象，監視・測定項目，監視・測定方法の正しさ，目

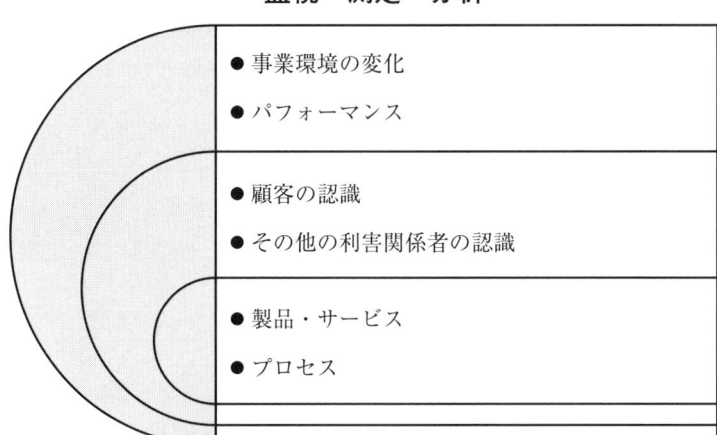

監視・測定・分析

```
● 事業環境の変化
● パフォーマンス

● 顧客の認識
● その他の利害関係者の認識

● 製品・サービス
● プロセス
```

図表 3.7　監視・測定・分析の主要構成要素

標値，処置限界，それを超えた場合の対応計画がある．監視・測定の結果を分析した結果は，製品・サービス，プロセスを継続的に改善するため，またQMSの有効性の改善のために活用される．

(2) 顧客の認識・その他利害関係者の認識

組織が提供する製品・サービス，あるいは発信する情報に対する顧客やその他の利害関係者の認識は，市場の眼として組織の持続的成功に大きな影響を与える．

顧客満足，従業員満足，組織の社会的責任の達成などは，適切な評価指標を設定した上で，定常的に監視，測定し，その分析結果はQMSの有効性の改善のために活用される．

(3) 事業環境の変化・パフォーマンス

事業環境は，市場・顧客，その他の利害関係者のニーズ・期待の動向，社会の価値観，法規制の動向，技術の動向，競合組織の動向，パートナーとの関係，経済状況などから構成され，事業シナリオ作成のもととなる．

事業環境の変化は，組織の持続的成功に致命的な影響を与える可能性が

ある．

　組織は，持続的成功のための事業シナリオの実現状況を定常的に評価する必要がある．事業環境の変化の兆しは，市場占有率，売上高，利益，格づけなど組織のパフォーマンスの変化とともに現れる．組織は，事業環境の変化，QMS のパフォーマンスを定常的に監視・測定し，分析結果を戦略的レビューへのインプットとすることにより，事業シナリオを見直し，QMS の革新につなげることができる．

3.3.6　QMS の改善

　「QMS の改善」の中心的な活動は，発見した QMS，プロセス，あるいは製品・サービスに関する問題に対する是正処置・未然防止処置を講じることにある．

　発見した問題に対する是正処置は，QMS あるいはプロセスに潜在する真の原因を特定し，それを除去する処置を確実に実施することが重要である．また，確実な分析にもとづく適切な是正処置を継続的に行うことが重要である．

　QMS の改善をより総合的に推進する活動として，内部監査と有効性レビューがあげられる(図表 3.8)．

　内部監査では，製品・サービスの検査・試験，製品・サービスの監視・測定・分析の結果，プロセスの監視・測定・分析の結果などから，QMS の運用が，QMS の要求事項に適合するものとなっているか，効果的に実施され，健全に維持されているかどうかが評価される．

　有効性レビューでは，内部監査の結果を含め，QMS が引き続き適切で，効果的かつ効率的であるかどうかが評価される．

　内部監査と有効性レビューのアウトプットには，QMS の有効性改善の必要性，経営資源の補強の必要性，戦略的レビューへの提案が含まれる．

　QMS の有効性の改善必要性，経営資源の補強の必要性は「QMS の企画」の QMS の設計にフィードバックされ，戦略的レビューへの提案は，「QMS の革新」へのインプットとなる．

図表 3.8　QMS の改善の主要構成要素

3.3.7　QMS の革新

「QMS の革新」の主要要素は，自己評価と戦略的レビューから構成される(図表 3.9).

自己評価や戦略的レビューによって革新の必要性が明確になった場合，組織は起こりつつある変化を十分に認識した上で迅速に事業環境の分析を行う必要がある．

分析の結果，必要に応じて事業シナリオを見直し，新たな組織能力像，すなわち変化した暁に組織が有すべき能力を明確にする．さらに，それを具現化する新たな QMS を構築する必要がある．QMS の革新は，事業環境が激しく変化するなかで，組織が持続的に成功するために最も重要なプロセスの一つである．

QMS の革新のきっかけとなるのは，「QMS の改善」の有効性レビューの結果，あるいは「監視・測定・分析」の事業環境の変化・パフォーマンスの，監視・測定・分析の結果である．QMS の改善の必要性を最終的に決めるための主な活動は，「自己評価」と「戦略的レビュー」である．

(1)　自己評価

組織が，組織能力像を実現する QMS の要素の有効性と効率，さらにそ

QMS の革新

自己評価　　戦略的レビュー

図表 3.9　QMS の革新の主要構成要素

れら QMS 要素による持続的成功の可能性を，事業シナリオとともに組織自らが戦略的に評価する活動が「自己評価」である．

自己評価の結果は，戦略的レビューへのインプットとして，品質マネジメントシステムの改善及び革新に活用される．

(2) 戦略的レビュー

組織を取り巻く事業環境の変化を把握して，製品・サービス及びその実現技術，事業シナリオ及び組織能力像，並びにプロセス及び QMS に関し，革新的な変更，すなわち，革新の必要性を判断する活動が「戦略的レビュー」である．

戦略的レビューの判断のもととなる主な視点は，以下の3つである．

① 組織は事業シナリオを実現できたか
② 現在もっている組織の能力は事業シナリオの遂行に十分だったか
③ 事業シナリオの遂行のためにふさわしい品質マネジメントシステムを設計し，構築し，運用していたか

戦略的レビューのアウトプットは，「QMS の革新」からのフィードバックとして，「QMS の企画」にインプットされる．具体的には，革新の必要性，事業シナリオの修正の必要性並びにその修正の対象及び内容，組織能

力像の変更の必要性及びその根拠ならびに新たな組織能力像が，革新のための組織体制とともにインプットされるのである．

3.4 QMSのアウトプット

QMSの成果として顧客価値，組織の存在意義の2つが重要要素としてあげられる．

QMSは，顧客に受け入れられる価値を継続的に提供し続けるためのマネジメントシステムであり，そのアウトプットは顧客価値である．

また，組織は，顧客に受け入れられる顧客価値をより高く，より広く，継続的に提供することで，その存在意義を示すことができる．

3.4.1 顧客価値

QMSの目的は，提供する製品・サービスを通し顧客に認識される価値が，持続的に顧客に受け入れられることである．その意味で，QMSのアウトプットは，製品・サービスとはせずに，製品・サービスを通して顧客に提供される「顧客価値」としている．

顧客価値の良否は，製品・サービスが顧客に受け入れられたかどうかだけにとどまらない．製品・サービスを通してどの価値が顧客に受け入れられ，購買の決定要因となったかを明確にし，その達成度合いを継続的に認識する必要がある．この顧客価値が継続的に受け入れられているかどうかが，組織がその存在意義を示し続けているかどうかの判断基準の一つとなる．

3.4.2 組織の存在意義

組織は，社会に価値を提供するという使命を持ち，その使命を継続的に果たすことに存在意義がある．持続的成功は，価値提供における存在意義が顧客，その他の利害関係者，さらに社会に認知されている証である．

組織は，常にその存在意義を示すことができているかどうかを意識しながらQMSを運営しなければならない．

提供している顧客価値が受入られている状況，顧客価値をよりよいも

の，より受け入れられやすいものにするための「QMSの改善」，「QMSの革新」の活動状況を的確に把握することによって，組織は，その存在意義を顧客，利害関係者，社会に訴求することができる．

3.5 持続的成功のためのQMSモデル

　ある時点で最適化されたQMSを継続的に改善しながら運営できたとしても，急速に変化する事業環境のもとで，組織が持続的に成功を収め，生き続けることができる保証はない．加えて，成熟した社会では飛躍的な市場の拡大を期待できない．また，過酷な競争にさらされている組織にとっては，変化への対応の遅れが致命的なダメージとなりかねない．

　組織は，事業環境の変化を予見し，迅速に手を打ち，非定常的に起こる変化の影響を最小限に抑えることで，持続的成功をより確実なものにできる．

　JIS Q 9005が提示する持続的成功達成のためのQMSモデルには，個人・組織の学習による成長，変化への挑戦の企業文化の育成，競争優位に必要な能力の獲得，獲得した能力のシステム化などの要素が含まれている．JIS Q 9005のQMSモデルは，従来の改善モデルに，以下の2つを加味した改善・革新モデルとなっている．

　① 事業環境の変化を監視，分析し，その兆しを察知する能力
　② 察知した環境変化に迅速に対応するための改善・革新を行う能力

　ここでの革新は，技術，製品・サービス，組織，プロセス，QMSなど，幅広く対象としている．事業環境の変化の程度と内容によっては，競争優位の基盤となるコア技術，製品ポートフォリオ，サプライチェーン，流通システム，販売方法などを劇的に変えることをも想定している．

第4章
事例に見る真・品質経営の実像

　第1～3章において，変化の激しい成熟経済社会期に必要とされる経営スタイルについて考察してきた．それは，変化した暁の事業環境において，自らの組織が提供すべき価値を明確にし，競争環境において優位に立つために必要な能力を認識し，組織の特徴を活かしてこの能力を現実のものとし，それらを日常的に発揮するために品質マネジメントシステムに実装する，というものであった．

　本章では，私たちが「真・品質経営」と呼びたい，こうした経営スタイルについて，事例を通して理解を深めたい．

　4.1節では，著者のうちの2名が訪問をして，経営者と対話を通じて試行した経緯を説明する．4.2節では，この方法を本気で適用した紆余曲折を紹介する．4.3節では，品質管理学会誌『品質』に掲載された事例をもとに，本書で提案する方法に照らして，どう解釈できるかを検討する．最後に4.4節で，一連の分析・設計方法の基本的な進め方を説明する．

4.1　試行(思考)する

　本節では，店舗サイン(店舗の看板・銘板)の設計，製作，設置を行っている株式会社アイデクト(以下，アイデクト社)の代表取締役である栃村克彦氏を招き，本書の著者2名(金子，山上)との議論によってアイデクト社の提供価値，組織能力，活かしている特徴を明確にしていった過程を紹介する．

　アイデクト社は関東周辺地域を中心として，個人商店から大手小売業者のチェーン店舗，ショッピングモールなどの店舗内外のサインを設計，製作し，設置まで行っている中小企業である．資本金は600万円，1978年に設立された．栃木県塩谷郡に製作工場があり，東京都江東区に営業所がある．

4.1.1 顧客の状況理解と顧客価値候補の考察

金子 それでは，事業シナリオを実際にどのように作り上げていくのか，栃村さんの会社を例にして，一緒に実践してみたいと思います．栃村さん，どうぞよろしくお願いします．

栃村 はい，わかりました(笑)．

金子 まずは，「顧客価値」を見きわめることが重要ですね．ここからすべてがスタートします．

山上 言い換えると，誰にどんな価値を提供しているかですね．私がコンサルティングする場合，「お客様はなぜ競合ではなく，わざわざあなたの会社の製品を買ってくださるのか，その理由は何か」と問うようにしています．

金子 それはいいですね．まず，その「お客様」を明確にしていきましょう．栃村さん，今取引きしている主要な顧客がどんな人，組織であるか教えていただけませんか．

栃村 顧客といってもいろいろいるのですが，まず直接取引を行っている顧客は大きく分けて，「大手小売業者」，「設計会社」，「個人商店」です．これらで売り上げの全体の9割以上を占めています．それぞれのキーパーソンは，「大手小売業者」では店舗サインの調達担当者，設計会社は担当物件の設計責任者，個人商店は社長です．

金子 「大手小売業者」というのは，街中でよく見かける全国的にチェーン展開している店舗のことですね．「設計会社」というのは，具体的にどういう物件を扱っているのですか．

栃村 例えば，大型ショッピングモールに入る店舗などです．建物は大手建設総合業者が建てていますが，その設計図は設計会社が設計しています．実際のサインの製作・設置の依頼自体は大手建設総合業者から来ますが，その際には設計図に載っている，見積もりをした店舗サイン業者を優先するので，我々にとって重要なのは「設計会社」のほうとなります．

金子 なるほど．わかりました．

山上 これらの3タイプの顧客の現在の売上げ構成を教えてください．

大手小売業者	設立会社	個人商店
売上比率：7割	売上比率：1割	売上比率：1.5割

図表 4.1　対象としている主な顧客タイプとその売上比率

栃村　だいたい，7割，1割，1.5割ですね（図表 4.1）．

山上　ということは「大手小売業者」が最も重要な「お得意客」なのですね．話をここに絞りましょう．彼らを取り巻く状況やその特徴などを詳しく教えていただけませんか．

栃村　大手小売業者のサイン調達部門の方は，店舗サインだけでなく，実に多くの業務を1人で担当しています．競争も厳しい．したがって，常に忙しい状況下にあります．時には，うっかりして，店舗サインの手配を忘れてしまうこともあります．納期は決まっていて動かせないので，急な依頼としてこちらに話が来ます．

金子　なるほど，「急な依頼への対応」ですか．顧客価値の候補となりそうですね．ただ，手配を忘れることは頻繁に起こるわけでないので，それだけでは御社の売上7割を占めるような市場規模にはならないのではないですか……．

山上　急な依頼が来るほかの理由もあるのでしょうか．他の2タイプの顧客と比べて大きく異なる特徴はありますか．

栃村　そういう意味では，新しく店舗を作るときに，その店舗開設の場所の正式決定から実際の開店までの期間が，例えば3カ月程度など，非常にスピードが速いですね．また，顧客の店舗開設の戦略方針の急な変更もかなりあります．

金子　なるほど．大手小売業やその調達担当者を取り巻く環境が「急な依頼への対応」という価値を高めているのですね．他にはないですか．例えば，店舗サインの品質の高さなどはあまり評価されていませんでしょうか．

栃村　ご存じのとおり，大手小売業ではチェーン展開しているので，厳密に店舗サインの仕様が決まっています．店舗ごとに異なるサインを決

```
┌─────────────────────────────────────────────┐
│           顧客価値となり得る候補            │
│                                             │
│   ┌──────────────┐    ┌──────────────┐      │
│   │(A) 急な依頼でも│    │(B) 仕様どおりに製作│    │
│   │  対応してくれる│    │  し，問題なく確実│    │
│   │              │    │  に設置してくれる│    │
│   └──────────────┘    └──────────────┘      │
└─────────────────────────────────────────────┘
```

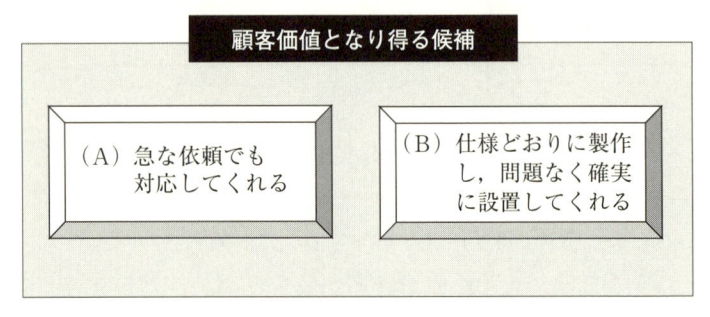

図表 4.2　顧客価値となり得る候補

めるわけではないので，サインの中身自体で独自性はあまり出せません．むしろ，「仕様どおりに製作し，問題なく確実に設置できるか」ということが求められます．

山上　まとめると，顧客価値の有力候補として「(A)急な依頼でも対応してくれる」，「(B)仕様どおりに製作し，問題なく確実に設置してくれる」の2つがあるということですね(図表 4.2)．

4.1.2　競争力のある本当の顧客価値

金子　でも，競合はその価値を提供できないのですか．それとも，御社のほうがより大きな価値を提供できるのですか．

山上　そのお答えを得る前に，どんな競合があるかを聞きましょう．いかがですか．

栃村　我々の工場は栃木にあります．顧客価値(A)の「急な依頼への対応」を提供しなければならないため，関東周辺地域が商圏となっています．したがって，その商圏が重複する企業ということになります．

金子　具体的にどんな企業があるのですか．どのぐらいの数があるのでしょうか．

栃村　店舗サインをネットで検索してもらえればすぐにわかりますが，サインを設計する会社，製作する会社，設置しその後のアフターサービスだけをする会社など，実にたくさんの零細企業が存在します．こういった個別の機能だけを持った会社は競合とは考えていません．

金子　それは，個々の機能を持った会社とすべての機能を持っている会社で何が違うからでしょうか．提供価値の(A)，(B)に関係しますか．

栃村　ええ，そのとおりです．また，それに加えて，店舗サインの製作依頼，設置の依頼などがそれぞれ別の会社だと，顧客にとって依頼の手間もかかります．常に忙しい顧客にとってはそれを嫌い，すべてを1社で行っている企業に依頼しているようです．

山上　そのようなすべての機能を持った企業は関東エリア内でどのぐらいありますか．

栃村　具体的には，関東エリア150km圏内で考えると5〜10社程度ですね(図表4.3)．

金子　では，そのような企業を競合と考えたとき，彼らとの競争において価値①，②に対する自社の優位性はありますか．

栃村　価値②はどこも同じレベルだと思います．価値①については自社では1週間程度ですが，確かに多少の優位性を見つけることはできますし，これをさらに早めることで価値を高められるとは思います．ただ，それほど圧倒的な差があるわけではないような気がします．

単一機能を持つ企業
＝競合ではない

設計，製作，施行のすべての機能を持つ企業5社〜10社
＝本当の競合相手

対象顧客
＝関東エリア150km以内

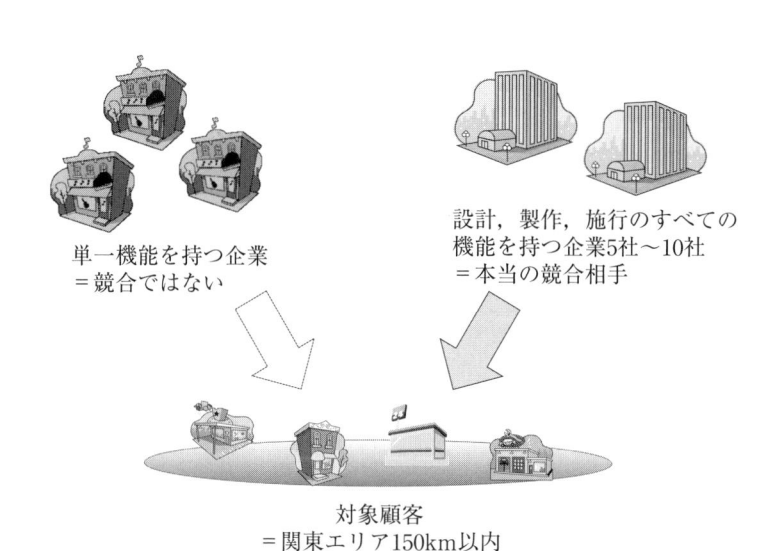

図表4.3　対象顧客と競合相手

第4章　事例に見る真・品質経営の実像

山上　でも，注文が来ているのですよね．

栃村　ええ．ある特定の顧客については，以前は自社に来ていた注文量は1割でしたが，それが徐々に3割にまで増えてきました．

山上　ならば，もしかしたら別の価値が隠れている可能性がありますね．もう一度，顧客とのこれまでのやり取りを思い出してみてほしいのですが，どんなときに顧客から感謝されているか，そのもっとも深い印象があったときはどんな状況でしたか．

栃村　そうですねぇ……．あ，そういえば，先ほどいったようにサイン調達担当者は1人だったのですが，お客様のほうの規模拡大もあって人材不足となり，新人が調達担当になったのです．その新人への教育の時間が十分に取れなかったせいか，その新人担当者が店舗サインの調達の仕方自体を我々に問い合せてきたんですよ．そういった問合せが頻繁にあるのです．我々になら聞きやすいと思っているのでしょうね．

金子　なるほど．当然，顧客よりも店舗サイン業者のほうが店舗サインに対する知識があるわけで，「(C)顧客が店舗サインの調達において困っていて相談したいときに相談に乗ってもらえる」という価値があるのかもしれません(図表4.4)．

栃村　そういわれるとそうかもしれません．このような対応は手間がかかり，直接ビジネスにつながらないと思っていたのですが，そうではな

競争優位につながる顧客価値

- (A) 急な依頼でも対応してくれる
- (B) 仕様どおりに製作し，問題なく確実に設置してくれる
- (C) 店舗サインの調達で困ったときに相談に乗ってもらえる

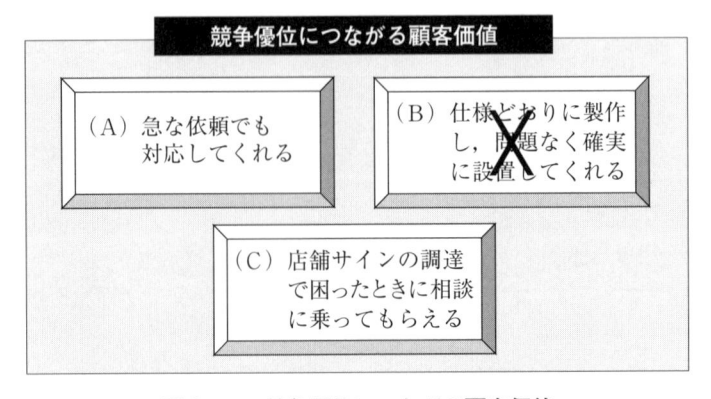

図表4.4　競争優位につながる顧客価値

い，ということですね．
山上　他の競合も，このような営業スタイルを取っているのですか．
栃村　それはあまりないと思います．我々の会社の性格というか風土というか，顧客からの困ったことには何でもちゃんと応えてあげたいという思いが従業員にあるのですよ．

4.1.3　価値提供能力と競争優位要因

金子　競合との差別化を可能としている顧客価値は(A)と(C)にあるらしいことがわかりました．次に，この価値提供を可能としている「組織能力」を探っていきたいと思います．(A)の「急な依頼でも対応してくれる」という価値に関して，素早く対応するための秘訣は何でしょうか．

栃村　まず顧客から問い合わせがあったときに，その場で必要なことを聞き出して，いかに素早く具体案を提案できるか，ですね．

金子　それは確かにそうですね．しかし，ただ早いだけでなく，提案した具体案の質も関係しますよね？

栃村　はい，そのとおりです．ただ，先ほどご説明いたしましたように，顧客からは明確な仕様が提示されますから，その仕様を聞いて，仕様どおりの店舗サインを設計して製作すること，また店舗の設置状況に合わせていかに適切に設置できるかを踏まえて，価格と納期を含めた回答を行うことが重要です．

山上　つまり，「1) 価格と納期を踏まえたトータルの提案力」ということですね．この価値(A)においては，他にはどんな組織能力が重要となりそうですか．提案力だけでなく，製作，搬送，設置のスピードも競合に比べて速いということでしょうか．

栃村　そこは，他社とそれほど変わらないと思います．価格や納期の提示までの時間は製作・搬送・設置の時間と比べて異常に長いとはいいませんが，他のところはだいたい競合と同じような設備や手段を使っていますから，そこで優位性を出すのは難しいですね．顧客からの問合せに対して，製作や設置のしやすさを考えた提案が素早くできること

```
┌─組織能力─┐           ┌─顧客価値─┐
│           │           │           │
│ 1) 価格と納期を ──────→ (A) 急な依頼でも
│    踏まえたトータル      対応してくれる
│    の提案力              
│                      (C) 店舗サインの
│                          調達で困ったとき
│ 2) 顧客の状況に ─────→    に相談に乗っても
│    合わせたきめ細          らえる
│    かい対応力
```

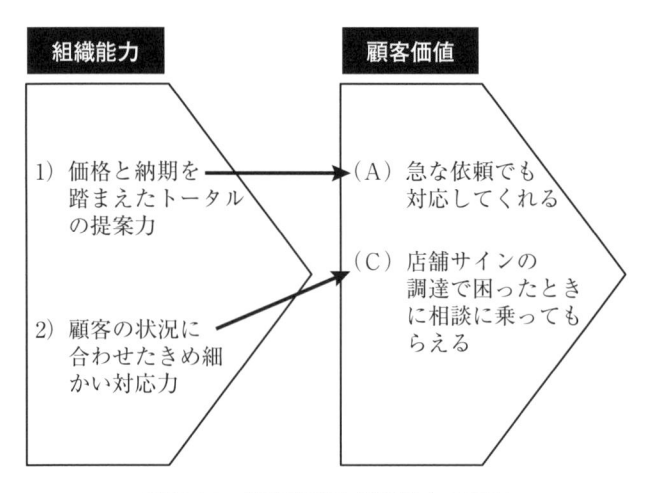

図表 4.5　顧客価値と組織能力の関係

が，今のところ重要なポイントであると考えています．

金子　なるほど．では，価値(C)「店舗サインの調達で困ったときに相談に乗ってもらえる」のほうはいかがでしょうか．

栃村　ええ，こちらに関してはやはり顧客に対して日頃からきめ細かい対応をしているからだと思います．これによって，顧客にとって気楽に相談できる相手として見られているのだと思いますね．最近では，私より製作現場の方に顧客からの直接の問い合わせがあり，さびしいことに私への問い合わせが減っているのですよ(笑)．

山上　まあ，そこは社長のやりたいこと，方針が現場の方にちゃんと浸透している，とプラスに受け取ればよいですね．つまり，「2) 顧客の状況に合わせたきめ細かい対応力」が重要な組織能力になりますね．少し整理しましょうか．結局は図表 4.5 のようになりますか．

4.1.4　能力発揮の源泉となる自社の特徴とその能力化

栃村　ええ，そのとおりです．シンプルでいて，核心に迫っていく感じがします．

金子　では，最後に御社の「特徴」について考えたいと思います．

山上　特徴といってもよくわからないと思うので，どういうものかをまず

説明しましょうよ．

金子 そうですね．「自社の特徴」というのは，人間でいえば性格，性質であり，例えば仕事によっては持っている性格・性質に向いていたり，向いていなかったりします．同じようなことを，組織が持っている性格・性質について考えたいのです．

栃村 仕事，事業に向いている組織の性格，性質ですか……．例えば，どのようなものでしょうか．

金子 そうですね，例えば「特許」が考えられます．事業のコア技術特許を保有することが競争力の源泉となることは多いですよね．ただ，これだけではありません．特許にはしていないが，組織内に蓄積された「固有技術」もそうです．また，そういった技術を習得し，実践している従業員は組織にとってとても大切な「人材」です．このような目に見えないものだけでなく，加工精度やスピードの点で非常に優れた「設備・機器」を多く有していることも競争の源泉となることがあります．また，高品質な部品や材料を納品してくれる有能な供給者との連携関係の強さや，主要顧客との太いパイプを持っていることも重要でしょう．さらにいえば，製造工場内での工程異常を素早く検知し，異常個所とその原因となる候補を表示するような，ITによる業務管理システムも自社の特徴の一つになるでしょう．

山上 栃村さん，いかがでしょうか．強さにつながるどのような特徴を持っていますか．

栃村 そうですね．「1) 価格と納期を踏まえたトータルの提案力」についていえば，顧客から提示された仕様を見たときに，だいたいの店舗デザインのイメージを浮かべられることが重要で，それができれば，製作方法や設置方法なども具体的に絞れます．それらのことを自社の実力に合わせて考えることで，おおよその価格帯と納期の目安を示すことができるようになります．

金子 店舗サインのイメージがすぐに浮かぶというのは，すごいですね．少なくとも，顧客業界でだいたいどんな形で店舗サインが設置されているかという「顧客業界の知識」がないとまずいですね．

栃村　ええ，それはとても大切です．顧客も自分の業界のことを知らないと，「そこから説明しないといけないのかよ」といった顔をして嫌がりますね．

山上　ただ，それだけではその顧客の店舗サインのイメージは浮かびませんよね．

栃村　ええ．こちらとしては，過去の店舗サインの経験から整理した「カタログ」があり，ここから顧客の仕様に合ったものを組み合わせています．もちろん，組み合わせればおしまいというわけではなく，そこから各種追加・変更はいたしますが．

金子　それは，設計プランをその類型によって事前にモジュール化しておいて，それらを組合せ設計しているということですね．ソフトフェア設計でよく取り入れられている設計方法みたいですよ．

栃村　そうですか．わが社ではこれができる人は，私を入れても数名程度です．

山上　でも，できあがった設計案が，製作や設置にどう影響するかをどのように評価しているのですか．

栃村　評価というような大それたことはしていないのですが，担当営業が製作現場リーダーにすぐに電話し，必要なら直接会って相談して決めています．午前中に顧客から問合せや依頼があれば，午後にはだいたい相談しているようです．

山上　「設計と製作のすり合せ」を組織として上手に，しかも迅速にやっているんですね．

金子　そうか……．つまり，格好よい言い方をするなら，まず「顧客業界や使用状況に関する知識」と「モジュール化して整理された店舗デザイン・パターン」という設計技術をすでに多く所有しているのですね．そして，それを能力化，つまり有益に活用するための方法として，「モジュール化した店舗デザインの組合せ設計方法」を採用し，さらに「設計と製作のすり合せをうまく行う業務運用体制」としているわけですか（図表 4.6）．

4.1 試行(思考)する

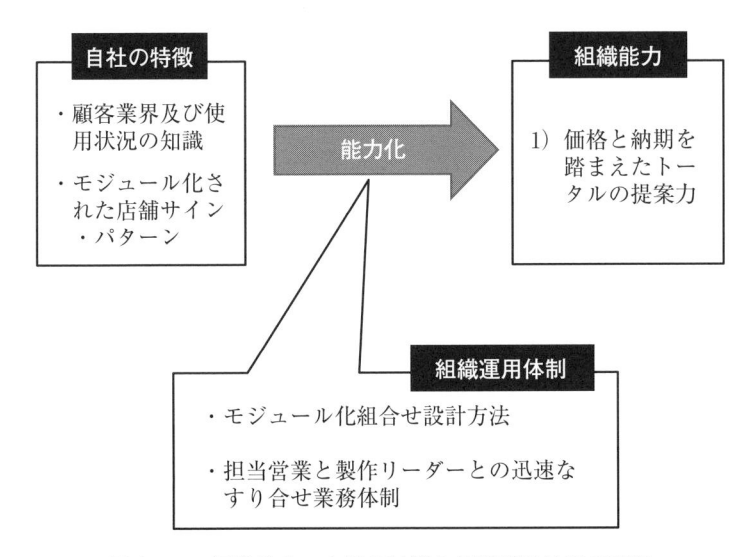

```
┌─────────────┐                    ┌─────────────┐
│  自社の特徴  │                    │  組織能力   │
├─────────────┤                    ├─────────────┤
│・顧客業界及び使│   ══能力化══▶    │1) 価格と納期を│
│ 用状況の知識 │                    │  踏まえたトー│
│・モジュール化さ│                    │  タルの提案力│
│ れた店舗サイン│                    │             │
│ ・パターン  │                    │             │
└─────────────┘                    └─────────────┘
                      ┌─────────────────┐
                      │  組織運用体制   │
                      ├─────────────────┤
                      │・モジュール化組合せ設計方法│
                      │・担当営業と製作リーダーとの迅速な│
                      │ すり合せ業務体制│
                      └─────────────────┘
```

図表 4.6 　組織能力，自社の特徴と組織運用体制の関係

4.1.5　持続的成功に向けた第一歩を踏み出す

栃村　同じ方法で今度は「2) 顧客の状況に合わせたきめ細かい対応力」について考えればよいですよね．

金子　そのとおりです．私たちが何をしようとしているか，どうすれば実践できるか理解できましたか．残りの分析は栃村さんの「宿題」とさせていただいて，これらをまとめるテンプレートを図表4.7に示しましょう．これが，栃村さんに最終的にまとめてきてほしい点だけを"ギュッ"とまとめたテンプレートとなります．

栃村　はあ……．

金子　全部で4つのボックスがあります．上半分は右から「顧客価値」，「組織能力」，「自社の特徴」となっています．今は栃村さんの会社の事業運営方法の可視化をやっていますので，現在の御社の現状をお書きいただく形になります．次に，下半分は「重要マネジメントシステム」です．ここで「重要」といっているのは，マネジメントシステム要素は多く存在しますが，その中でも列挙していただいた「自社の特徴」をいかに「組織能力」として確実に発揮するか，その視点から重

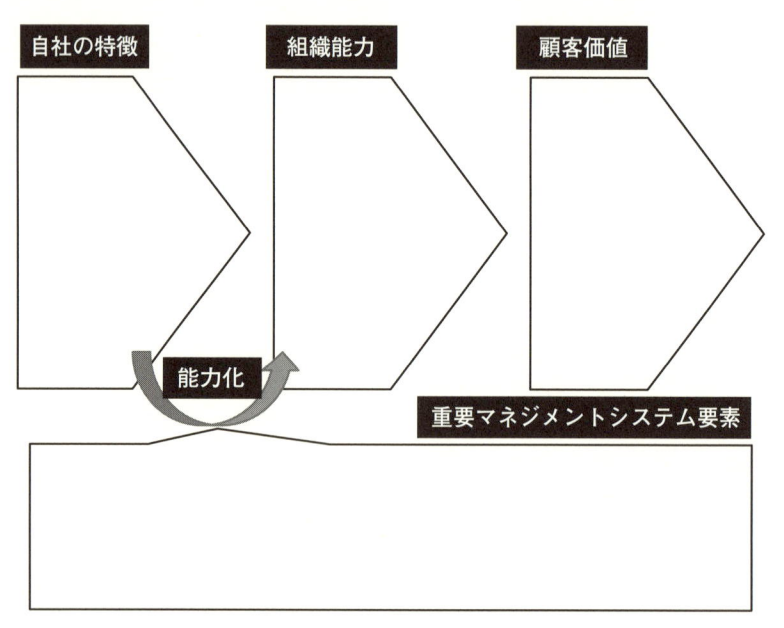

第4章 事例に見る真・品質経営の実像

図表 4.7　各企業の事業運営方法を記述する統一テンプレート

　　要なマネジメントシステム要素という意味です．「重要マネジメントシステム」の吹き出しが「能力化」から来ているのは，それが理由です．

栃村　はい，ここまで検討してきたことを踏まえると，すべて腑に落ちます．

山上　いきなりこのテンプレートを出しても，各ボックスを埋めることだけが目的になりがちです．それで，手間はかかりますが，これまでご一緒に行ったような検討の後，このテンプレートを提示して埋めてもらうことにしているのです．私が別の会社にコンサルティングをしているときにも特に注意している点です．これでクライアントの社長に納得いただければ，半分は成功したも同然ですね．

栃村　そうですか．ならばわが社も半分は成功ですね．早速，自社に帰って会社内で検討して埋めてきます‼

4.2 本格的に適用する

4.2.1 事例企業 Y 社の概要

　Y 社は，岐阜県にある従業員約 100 名，年間の売上高およそ 20 億円のプラスチック部品のメーカーである．1985 年にプラスチック射出成形製造業として設立され，その後，塗装，蒸着，印刷，組立など業務内容を拡大し，現在は各種部品の一貫生産ができるようになっている．顧客は，自動車関連を主軸として，家電，住宅関連，OA 機器などの広範な分野にわたっている．図表 4.8 は Y 社が製造する自動車部品の一例である．

　Y 社の特色は，2 色成形もできる設備を保有していることである．また，関連会社では金型の製造も行っており，製品の一貫生産だけでなく，金型

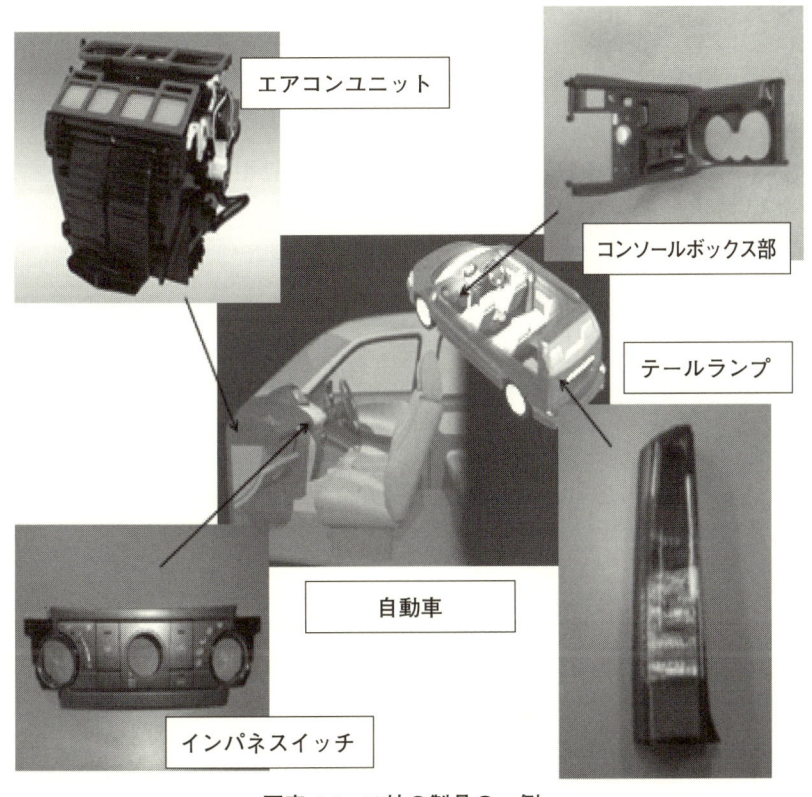

図表 4.8　Y 社の製品の一例

145

からの一貫生産ができることも特色である．田園風景の中にある地方工場であるが，名古屋地区と長野地区の中間にあり，なおかつ中央自動車道と東海道環状自動車道が接続しており，交通利便性のよい地域でもある．

4.2.2　Y社における導入の背景と主な経緯

　Y社の経営者は"技術と創造力で新しいプラスチックの未来を目指す個性ゆたかな「はつらつ企業」"を基本理念としてかかげ，これまでもいろいろな活動を積極的に取り入れてきている．常日頃から，マンネリを打破して体質強化を図っていきたいと思い，これを実行してきている．

　2008年10月，筆者らが運営する研究会は，その成果の検証を含めた事例適用組織の募集を行った．Y社の社長は，自社をレベルアップするのによい機会だと思い，早速これに応募した．

　まず研究会で提示しているISOからの成長モデルの自己評価をしてみたところ，最初のレベルもやっとという状況に危機感も持った．この活動を通して会社がレベルアップするための具体的行動を起こし，若手社員の「やる気」にも火をつけたいとの思いがますます強くなった．

　2009年1月に顔合せを行い，共同研究が開始された．研究会側はY社の状況を，Y社は研究会の考え方・目的をお互いに把握するコミュニケーションに努めた．その後何回かの勉強会の結果，Y社の組織能力像が大まかな姿として現れてきて，そこから出てくる課題も浮かび上がってきた．

　2009年6月，この組織能力像をもっと明確に目に見えるようにしようと，研究会から組織能力像を可視化する方法の案が提供された．これに従って記述してみたが，研究会の意図するアウトプットにはなかなかならず，最終的に固まったのが2009年も押し迫った時期であった．Y社ではこの結果に応じて「組織能力像／ギャップ解消・反攻戦略プログラム」（以下，ギャップ反攻戦略プログラムという）が作成され，この運用が始まった．むろんこのプログラムは成長が停滞しないように毎年見直された．ここまでが，いわば「第1期」の取組みである．

　この後しばらくは，このプログラムに従って運用されてきた．組織能力像は，一度作ればそれで永久に通用するというわけではない．経営環境の

変化に応じて，この内容の見直しを図る必要がある．この見直しを行うに当たって，研究会のその後の研究成果を活用して，前よりもさらに精度の高い組織能力像を明確にしようと取り組んだのが，以下の「第2期」の活動である．

2012年4月，第1期の組織能力像により開始されていたギャップ反攻戦略プログラムの進捗状況について研究会に報告がされた．7月には，研究会から提供された新たな方法に従ってY社の組織能力像の見直しが開始された．同年末頃には，第1期で完了したレベルまで見直された．その後，これをさらに強化する作業が行われ，システム化を除くY社の新たな組織能力像が明確になってきた．

2013年中頃には，上記の作業が一段落して，第1期では比較的時間をかけることのできなかった「システム化」の見直しが開始されて，Y社のQMSに埋め込むべきシステム要素が明確になってきた．

以上がY社の導入のあらましである．第1期と第2期の2つの違うアプローチで取り組んだ例をあえて出し，これを対比しながら読んでいただくことで，より深く理解してもらえることを期待して次に紹介する．以後は，Y社の立場になって説明する．

4.2.3　Y社導入第1期の活動

研究会では次のような説明を受けた．まずY社が売っているのは製品ではなく，製品を通してお客様に提供している価値であるという．その価値を明らかにすることから始める．その価値がわかったら，価値を生み出すために必要な特徴・能力を特定して，さらにそこからY社の競争優位となっている能力（競争優位要因）を明確にする．そしてこれらを使って競合との競争の中で勝っていく姿（成功のシナリオ）を鮮明にすることが重要だ．次に，その成功のシナリオを実現するためのあるべき姿を明確にしておいて，これと現状の姿とのギャップを把握して，このギャップを埋めるようにシステムを再構築する．

これが基本ステップである．以下，この手順で実施した主なことを説明する．

(1) 顧客価値を探す

　Y社にはたくさんの顧客がいる．その顧客によって製品も市場も違う．これを一緒にして考えると混乱するので，「まずは対象を明確にしよう」ということになり，3つの製品群（単体，2色成形品，組立品）に分けて進めていくことにした．ただし，ここでは，国内の自動車車載（電装）部品メーカーに提供する射出成形品（単体）に絞って説明をする．最終的には他の製品群もさほど変わらぬ結果となっている．

　さて，顧客価値であるが，数人で話し合ってみたが，すぐに「これだ！」と特定することが難しく，意外にもなかなか見つからなかった．最初に出てくるのが「2色成形ができる」とか「精密な成形品ができる」とか，いつも自分たちが特徴とか能力，あるいは強みと思っていることに目が行ってしまう．研究会に他社の例で説明してもらい，苦労して検討した結果，

① 成形しにくい材料で，しかも複雑な形状でも高品質である
② 補給品を安定供給し続ける
③ 対応力が早い
④ 金型から成形品までの一貫した品質保証をする

の4つに絞られてきた．どうしても自分たちの側から考えてしまいがちで，お客様の立場になってみて考えることが意外と難しい．

(2) 必要な能力や経営管理機能を特定する

　顧客価値が特定できたので，次にこれらの価値を確実に提供するために必要な能力（コア技術や管理機能）は何だろうかと考えた．

　例えば，「成形しにくい材料でしかも複雑な形状でも高品質である」という顧客価値を提供するための能力ということでは，Y社の持っている「金型や成形機の保全に関わる○○のノウハウ」，「関連会社のF社で作ってもらっている金型のハイサイクルで高精度な○○の冷却システム」であるとか，「量産前に実施するレビュー」など具体的なものがいくつもあがってきた．このような要領でそれぞれの顧客価値についての必要な能力を列挙していった．これらの結果を大別すると，

① 金型設計・製作技術
② 設備及び金型の予防保全技術
③ 射出成形技術
④ 問題対応能力

の4つの能力となった．

(3) 成功のシナリオを描き，競争優位要因を特定する

　顧客価値とこれに必要な能力が具体的になってきたので，今度はこれらを使って競争の場で競合と戦って勝っている姿がイメージできるようにしてみた．その結果，以下のような姿(成功のシナリオ)が浮かび上がってきた．ここではこれを「事業シナリオ」と呼ぶ．

【事業シナリオ】
① 設計・試作・量産の各段階におけるレビューや検証を確実に行い，Y社の持つ「一貫生産体制(試作金型〜量産成形まで)」のメリットを発揮し，顧客の要求する高精度品質の製品を，早く，安く提供することで，顧客の信頼を獲得し続けている
② 各段階でのトラブル発生時の対応をスピーディに行い，品質・納期を確保して信頼の失墜を防ぐ
③ 補給品を安定的に供給し続けて，新たな受注チャンスを得る
④ 他社が嫌がる製品も，喜んで引き受ける(やっかいものでもうまく作れる)ことで顧客から頼りにされている

　さて，この事業シナリオを常に実現しているためには，前項「(2)必要な能力や経営管理機能を特定する」で考えたY社が独自に持つ能力が発揮されていなければならない．特にライバル会社との競争の中で成立している事業であるから，この能力がライバルに勝つために必要なものでなくてはならない．そのように考えたときに絶対に譲れない能力は何だろうか．これが競争優位要因である．

　Y社はこの競争優位要因を考え，次のように特定した．これにより最重

点で強化しておかなければならないものが明確になってきた．

> 【競争優位要因】
> ① 「作りやすい金型から成形しやすい金型へ」の金型設計・製作技術：「ハイサイクル・高精度の冷却システム」，「保全の容易さ」，「段替え時間短縮」，「試作型→量産型転用」などのノウハウ
> ② 優れた射出成形技術：最適の成形条件を設定する技術・技能，樹脂の流動性ノウハウ
> ③ 設備・金型の予防保全技術：エンプラ材料などに対応するスクリュー精度の維持，ガス逃げ，バリ・欠肉の予防
> ④ 迅速な問題解決能力と報告体制：成形工程で発生する問題にスピーディかつ的確に対応する
> ⑤ よいモラルの維持活動推進：挨拶運動，すぐ実行運動，5S定点撮影，改善提案

と，ここまで，必要能力の特定→成功のシナリオを描く→競争優位要因の特定と，あたかもこの順序ですいすいと進めてきたように説明しているが，実際にはなかなかそうはいかなかった．

「(2) 必要な能力や経営管理機能を特定する」において必要能力を考えているときは，かなり具体的なY社の能力をイメージしないと浮かんでこなかったが，これが後で競争優位要因を特定するときに役立っている．同じく成功のシナリオを考えるときには，競争優位要因をかなり意識している．このように，行ったり来たりしながら煮詰めていったが，後で考えると，表層的でないY社の深い姿を浮き彫りにしようとするとこれは当然なことでもあり，このように進めていくことが大事なことのようである．

(4) あるべき姿を描き，現状とのギャップを分析する

　Y社が持続して成功するためには，この競争優位要因とする能力が，いつでも誰でも発揮できるように，社内のシステムに埋め込まれなければならない．そのためにはこのシステムがどのようになっているべきか（ある

べきシステムの姿)を明確にしておき，これと現状とのギャップを浮き彫りにすることが必要だと，研究会からアドバイスされた．しかしながらこのあるべき姿を目に見えるようにすることが，なかなか難しかった．

そこでY社はそれぞれの部門単位で，この成功のシナリオを実現するためにどんな能力が不足しているのかをあげてみるようにした．列挙された不足能力を整理すると，営業(技術)力の不足，金型や成形の専門技術者の不足，技術情報の活用不足，問題解決能力の不足，従業員の意識の低さなどである．

ここではさらりと書いてあるが，このステップで実際に起きたことは，やり始めると，競争優位要因に関係ないことまで飛び火して，不足点がいっぱいあがってきてしまったことである．人間，ネガティブなことというのは考えやすいものである．せっかくこれまでのステップで競争優位に関わる重要な要素に絞り込んできたことが振り出しに戻ってしまい，何にもならなくなってしまうところであった．気をつけなくてはならないところである．

(5) ギャップを強化するための方策を計画書に落とし込んで全社に展開する

最後の仕上げが，このギャップを解消するために実施することを決めて，これを実行計画書に落とし込んで，Y社のシステムを強化していくことである．Y社では，これを「ギャップ反攻戦略プログラム」として実行していくことにした．

この内容の大きな項目は次のようなものである．

【ギャップ反攻戦略プログラムの主要項目】

1. 技術の可視化，個人知から組織知へ
   ① 金型設計・製作技術，成形技術，金型・設備保全技術の可視化（競争優位要因にあげた技術の可視化），② コア技術者の確保と育成

2. 問題解決能力の向上
   ① QC手法の教育と実践による能力向上，② 不良低減活動，お客様苦情撲滅活動の強化，③ 問題発見能力育成
3. 高い「モラル（改善マインド）」を持った人材が育つ企業風土の醸成
   ① あいさつ運動，② すぐ実行運動，③ 5S活動，④ 提案制度等改善活動の推進

これらは全社共通の計画と部門独自の計画にブレークダウンして展開しており，この進捗状況は毎月社長に報告して管理されている（図表4.9）．

これまでの経過をまとめてみると，図表4.10のようになる．

また，ここまでの活動を一通り終えて改めてこれを振り返ってみると，

部門	項目	内容	達成手段	目標	主管部門	1月	2月
全社共通	問題解決能力の向上	かんばん方式導入	ストア・ポストの設置，かんばん実施	モデルで実施	製造部門共通		
		箱番1と最終箱番の責任	責任捺印者明確化	100%実施	製造部門共通		
	不良低減活動	品質異常連絡書と改善要望書の活用	回答率100%にして，前後の工程のコミュニケーションを行う	100%実施	製造部門共通		
		成形不良率の低減	大量発生の防止，始業時，1時間ごとの，箱ごと1ショットの検品	0.005	製造部門共通		
	モラルの改善	提案の活発化	社員1人月1件以上を義務づけ				

図表4.9　Y社のギャップ反攻戦略プログラム

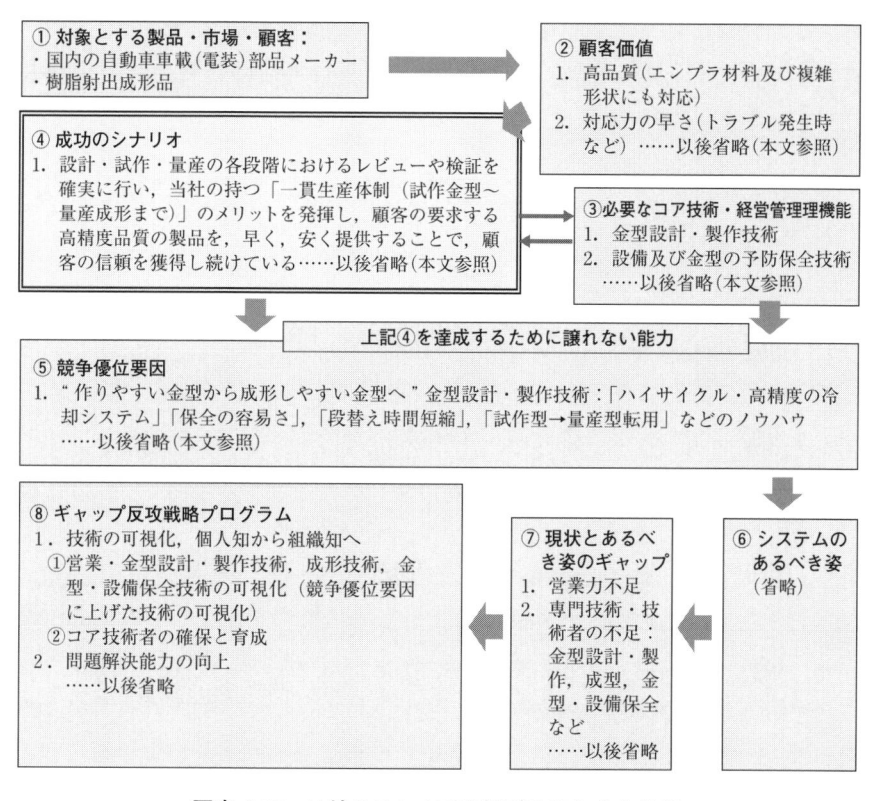

```
┌─────────────────────────────────┐         ┌──────────────────────────────┐
│ ① 対象とする製品・市場・顧客：   │────▶    │ ② 顧客価値                   │
│ ・国内の自動車車載(電装)部品メーカー│        │ 1. 高品質(エンプラ材料及び複雑│
│ ・樹脂射出成形品                 │         │    形状にも対応)             │
└─────────────────────────────────┘         │ 2. 対応力の早さ(トラブル発生時│
┌─────────────────────────────────┐         │    など) ……以後省略(本文参照)│
│ ④ 成功のシナリオ                │         └──────────────────────────────┘
│ 1. 設計・試作・量産の各段階におけるレビューや検証を│      │
│    確実に行い，当社の持つ「一貫生産体制(試作金型〜 │      ▼
│    量産成形まで)」のメリットを発揮し，顧客の要求する│  ┌──────────────────────────────┐
│    高精度品質の製品を，早く，安く提供することで，顧│◀─│ ③必要なコア技術・経営管理機能│
│    客の信頼を獲得し続けている……以後省略(本文参照) │  │ 1. 金型設計・製作技術        │
└─────────────────────────────────┘            │ 2. 設備及び金型の予防保全技術│
                │                              │    ……以後省略(本文参照)    │
                ▼                              └──────────────────────────────┘
      ┌─────────────────────────────────────────┐
      │       上記④を達成するために譲れない能力 │
┌─────────────────────────────────────────────────┐
│ ⑤ 競争優位要因                                  │
│ 1. "作りやすい金型から成形しやすい金型へ"金型設計・製作技術：「ハイサイクル・高精度の冷│
│    却システム」「保全の容易さ」，「段替え時間短縮」，「試作型→量産型転用」などのノウハウ│
│    ……以後省略(本文参照)                          │
└─────────────────────────────────────────────────┘
                                                          │
                                                          ▼
┌─────────────────────────────────────┐  ┌──────────────┐  ┌──────────┐
│ ⑧ ギャップ反攻戦略プログラム        │  │⑦現状とあるべ│  │⑥システムの│
│ 1．技術の可視化，個人知から組織知へ │  │ き姿のギャップ│  │ あるべき姿│
│   ①営業・金型設計・製作技術，成形技術，金│◀│ 1. 営業力不足│◀│  (省略)  │
│    型・設備保全技術の可視化(競争優位要因│  │ 2. 専門技術・技│  └──────────┘
│    に上げた技術の可視化)            │  │    術者の不足：│
│   ②コア技術者の確保と育成           │  │    金型設計・製│
│ 2．問題解決能力の向上               │  │    作，成型，金│
│    ……以後省略                      │  │    型・設備保全│
└─────────────────────────────────────┘  │    など      │
                                         │    ……以後省略│
                                         └──────────────┘
```

図表 4.10　Y 社のこれまでの検討の流れの全体像

共同研究の目的が「QMS の再構築」であったのだが，システム化，すなわち能力を QMS に埋め込んでいく過程は，QMS のあるべき姿を十分に明確化することなく進めていた．そのため目的(QMS の再構築)に対しては十分な結果とは言えない状態で終えた．しかしながら，Y 社にとっては，これまで ISO 9001 で行っていた目標管理が，もっと経営に肉薄するような緊張感のあるものになったことは事実である．組織能力像は，このような適用の仕方をしても効果があるという事例といってもよいだろう．

4.2.4　Y 社導入第 2 期の活動

さて Y 社では，上記のような活動を 2010 年に完了して，その後この「ギャップ反攻戦略プログラム」を推進していた．一方，研究会において

も，この間にこれらの組織能力像による QMS 再構築活動の詳細な手順を確立するための研究が進められていた．研究会のこの研究成果を利用して，Y 社の組織能力像を見直して再構築する活動が，2012 年から開始された．

以後はこの活動について紹介する．第 1 期で行った方法と比較して読み進んでいくとよい．

(1) 顧客価値の特定

顧客価値の特定に先立って，今回はもっと詳細な分析をした．
① 当該製品を提供するための基本技術
② これまでの取引状況(採用，非採用の理由を含む)
③ 取引継続の課題と思われる点
④ 前記各項目に対する競合他社の状況

などを，あらかじめわかる範囲で分析してその結果を記述しておいた．ただし，これらは後ほどさらに詳細な分析をするので，ここでは今後の作業を効率的に進めるためのおおまかな把握にとどめた．また，当該製品を製造・販売するに当たって，これに登場する事業主体者とその関係を確認して図にしておいた(図表 4.11)．

これらにより，顧客価値特定の前提となる Y 社を取り巻く状況が，より明確になった．また，事業全体が見渡せるようになり，特に直接の顧客だけでなく，この顧客に影響を与え得る事業者も見えるようになった．

次に顧客価値の特定になるが，ここでは前記の「事業主体者とその関係図」で明確に意識した顧客の組織内で，Y 社の製品を購買することを決定している人(キーパーソン)を思い浮かべ，その人がどんな制約条件の中で，何を期待して(目的として)業務を行っているのかを考えてみた．

これを整理した表が図表 4.12 である．そして，この表で右端欄に出てきたものが顧客価値の「候補」である．

ここであえて「候補」としたのは，顧客がこの価値を認めてくれて初めて顧客価値となるからである．顧客が期待している価値を Y 社が提供してくれていると認識して，これが購買決定の要因となっているかが問題で

4.2 本格的に適用する

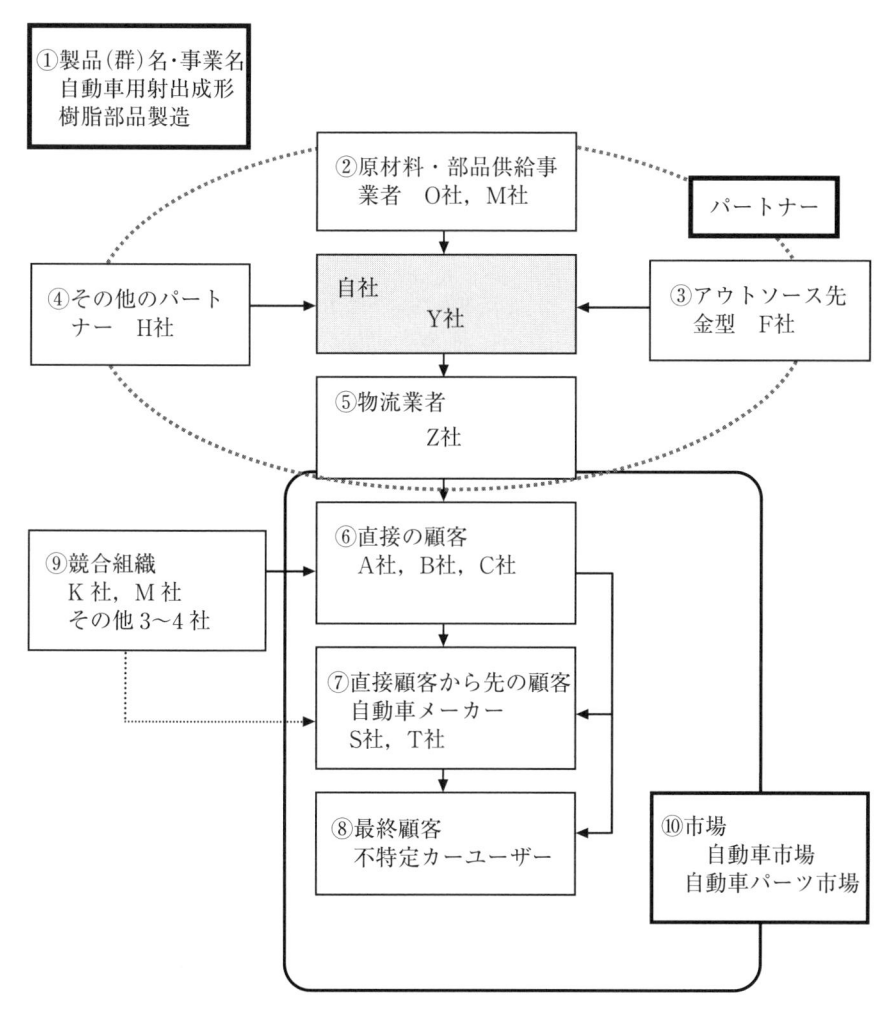

```
①製品(群)名・事業名
 自動車用射出成形
 樹脂部品製造

②原材料・部品供給事
 業者  O社, M社

パートナー

④その他のパート
 ナー  H社

自社
 Y社

③アウトソース先
 金型  F社

⑤物流業者
 Z社

⑨競合組織
 K社, M社
 その他3～4社

⑥直接の顧客
 A社, B社, C社

⑦直接顧客から先の顧客
 自動車メーカー
 S社, T社

⑧最終顧客
 不特定カーユーザー

⑩市場
 自動車市場
 自動車パーツ市場
```

図表 4.11　事業主体者とその関係図

ある．このことを分析するために，営業部門の責任者や担当者が，具体的な受注に至った場合や失注してしまった時を思い起こしながら，ときには顧客に聞いてみるなどして，購買決定になった顧客価値を特定した．特定された顧客価値は図表 4.13 を参照されたい．

　顧客価値特定のこのようなやり方により，以前より事業全体を見渡せる中で，より深い価値を考えることができるようになった．第1期のときに

製品	誰が		どのような状況や制約条件の中で	目的：何を期待しているか
	顧客	キーパーソン		
自動車電装用部品	X社	設計担当者Aさん	低コストを実現できる設計 多数の開発テーマを抱えて，手離れを早くしたい 製造工程や市場で不良を出さない設計をする 不良が出ず，製造しやすい設計をする	コストダウンのアイディアを提供してくれる 重要な技術情報を提供してくれる 設計業務の一部を支援してくれる
		購買担当者Bさん Cさん	海外とのコスト競争に勝てるコスト 受入，製造過程で品質問題を起こさない	購買業務の管理の手間を少なくしてくれる

図表4.12 顧客価値(候補)の特定

は，顧客価値についての認識が人によっていろいろとぶれていたことが合理的に統一され，さらには顧客に対する認識を深くして特定できるようにもなった．

(2) 能力と特徴の特定，競争優位要因の特定

　顧客が認めてくれて購買決定要因となった価値，すなわち顧客価値を提供し続けるにはY社にその能力がなければならない．そしてその能力は他社に勝てるものであること，すなわち競争優位要因となっていることが必要である．このとき，この能力がY社の特徴をうまく利用した能力になっていると，より他社には模倣させにくい競争優位要因になり得る．こんな関係を意識しながら，Y社の競争優位要因の特定を行った様子を次に説明する．

　まず顧客価値を提供するための必要な能力であるが，これについては顧客価値ごとに考えていった．かなり重複するものもあったが，構わず出してみた．例えば，「他社が嫌がる複雑形状製品でも引き受けてくれる」にも「安定した品質と納期厳守の継続的提供による安心」のどちらにも「耐

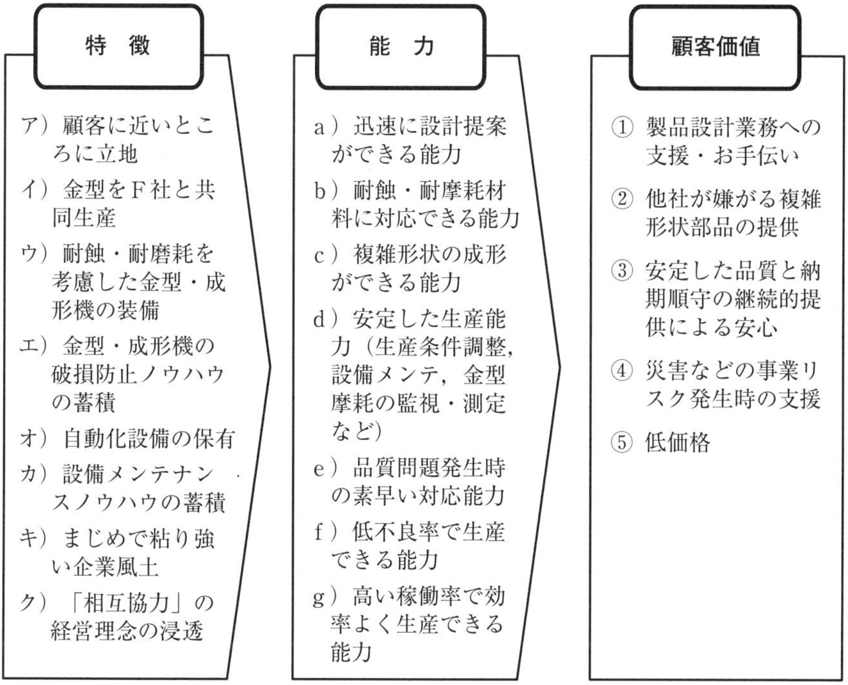

特徴

ア） 顧客に近いところに立地
イ） 金型をF社と共同生産
ウ） 耐蝕・耐磨耗を考慮した金型・成形機の装備
エ） 金型・成形機の破損防止ノウハウの蓄積
オ） 自動化設備の保有
カ） 設備メンテナンスノウハウの蓄積
キ） まじめで粘り強い企業風土
ク） 「相互協力」の経営理念の浸透

能力

a） 迅速に設計提案ができる能力
b） 耐蝕・耐摩耗材料に対応できる能力
c） 複雑形状の成形ができる能力
d） 安定した生産能力（生産条件調整，設備メンテ，金型摩耗の監視・測定など）
e） 品質問題発生時の素早い対応能力
f） 低不良率で生産できる能力
g） 高い稼働率で効率よく生産できる能力

顧客価値

① 製品設計業務への支援・お手伝い
② 他社が嫌がる複雑形状部品の提供
③ 安定した品質と納期順守の継続的提供による安心
④ 災害などの事業リスク発生時の支援
⑤ 低価格

図表 4.13　Y 社の事業シナリオ

食・耐摩耗材料対応力」という能力は必要である．このようにして出されたものを整理すると，7つの能力が特定された．

a） 迅速に設計提案ができる能力
b） 耐蝕・耐摩耗材料に対応できる能力
c） 複雑形状の成形ができる能力
d） 安定した生産能力（生産条件調整，設備メンテ，金型摩耗の監視・測定など）
e） 品質問題発生時の素早い対応能力
f） 低不良率で生産できる能力
g） 高い稼働率で効率よく生産できる能力

そして，これらのそれぞれの能力を発揮するために Y 社が使っている（あるいは使える）特徴を明かにして競合他社との比較分析をし，競争優位要因となり得るかどうかを分析した．

以上の分析作業の結果，Y社がこれまで事業を継続してこられた事業シナリオが，図表4.13のように明らかになってきた．

　今回のこのやり方により，第1期ではあまり意識の強くなかった「特徴」をうまく活用してY社の競争優位要因を考えることができるようになり，より競争力を意識した成功のシナリオを明確に描けるようになった．第1期で描いた成功のシナリオと対比してみると，その違いは一目瞭然である．

(3) 現状の事業構造の可視化と強化

　ここまできて，Y社における現状の事業を成立させているコアとなる部分が，顧客価値をキーとして明らかになってきた．ただし，これは第2期の活動の冒頭(図表4.11)で整理しておいた，この事業に関係するさまざまな事業者から提供される価値連鎖の中で成立していることに注意する必要がある．また，この事業における競合組織の存在と対象市場／製品／顧客も明確にしておく必要がある．これらのことを背景として，この成功のシナリオを重ね合わせ，さらに経営者の方針やその意図してきていることを重ねてみると，Y社の現状の事業構造が図表4.14のように浮かび上がってきた．

　しかしながらこれはあくまでも現状の姿である．この現状の姿のままで，社内外で起こるだろう変化も含めて大丈夫なのかどうか，ということを検討し，必要に応じて強化しなくてはならない．それを考えるにあたっては，これらの要素ごとに(例えば，顧客，競合組織，顧客価値，能力など)について検討してみる必要がある．

　一例をあげると，Y社は「(顧客に近いという)立地のよさ」という特徴を活かして，「迅速に設計提案ができる」という能力を発揮することで，「製品設計業務への支援・お手伝い」という顧客価値を提供しているのが成功のシナリオであったはずが，この特徴を活かさず，かえって油断してあまり訪問してない，というような問題も明白になった．また，前々から新規市場・顧客の開拓は経営者の方針として出されていたが，これは思うようにはかどっていなかった．

4.2 本格的に適用する

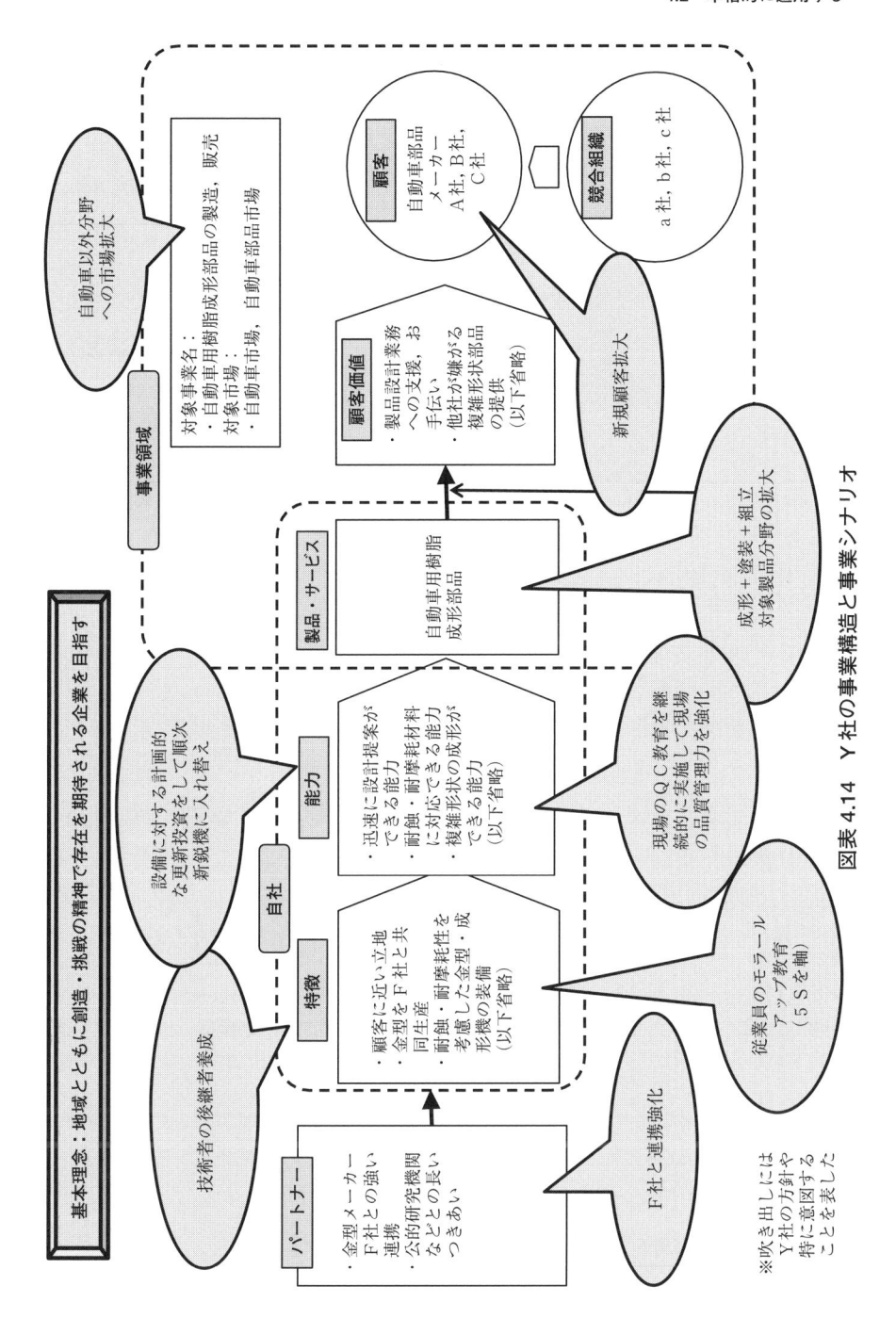

基本理念：地域とともに創造・挑戦の精神で存在を期待される企業を目指す

事業領域
- 自動車以外分野への市場拡大
- 自動車用樹脂成形部品の製造、販売
- 対象市場：自動車市場、自動車部品市場

顧客
自動車部品メーカーA社、B社、C社

競合組織
a社、b社、c社

顧客価値
- 製品設計業務への支援、お手伝い
- 他社が嫌がる複雑形状部品の提供
（以下省略）

- 新規顧客拡大
- 成形＋塗装＋組立 対象製品分野の拡大

製品・サービス
自動車用樹脂成形部品

自社

能力
- 迅速に設計提案ができる能力
- 耐蝕・耐摩耗材料に対応できる能力
- 複雑形状の成形ができる能力
（以下省略）

- 設備に対する計画的な更新投資をして順次新鋭機に入れ替え
- 現場のQC教育を継続的に実施して現場の品質管理力を強化

特徴
- 顧客に近い立地
- 金型をF社と共同生産
- 耐蝕・耐摩耗性を考慮した金型・成形機の装備
（以下省略）

- 技術者の後継者養成
- 従業員のモラールアップ教育（5Sを軸）

パートナー
- 金型メーカーF社との強い連携
- 公的研究機関などとの長いつきあい

- F社と連携強化

※吹き出しにはY社の方針や特に意図することを表した

図表4.14 Y社の事業構造と事業シナリオ

第4章　事例に見る真・品質経営の実像

顧客			顧客の特徴	Y社製造品	現在の取引き		評価されている顧客価値
	1次	2次					
A社 B社 C社			省略	・ランプASSY ・レンズ ・リフレクター ・ハウジング	有	○	①同規模他社より「低価格」で提供してくれる ②複雑形状の製品（ハウジング），成形し難い材料などの面倒な製品を作ってくれる
D社				・クランプ ・グロメット ・ホスドレーン	有	○	①同規模他社より「低価格」で提供してくれる ②複雑形状の製品（ハウジング），成形し難い材料などの面倒な製品を作ってくれる ③試作/設計業務の一部を支援してくれる
E社				・エアコン部品			
F社				・パネルシフト ・パネルセンター			どれも評価してくれていない
G社				・カバーバックドアトリム	有	×	どれも評価してくれていない

図表4.15　顧客リストと顧客価値の評価

　Y社の提供する顧客価値と特徴・能力が明らかになってきたので，これを最大限に生かした拡販活動をしようということで，図表4.15のような顧客リストを作成した．そして，それぞれの顧客に対して，既存の顧客には顧客価値を提供できていたのか，新規候補顧客には顧客価値を評価してくれそうなのか，ということを評価してみた．この評価結果を活かして，新規開拓に対してはねらいを絞り込み，従来の顧客に対してはその販売方針を明確にした．メリハリの付いた販売活動が展開できる方向性が明確になってきた．

　このような作業を通じて最終的に可視化されたY社の事業構造と事業シナリオ，そして今後の強化の方向性が整理されてきた．これにより，Y社の現状を基盤とした今後の進むべき方向がかなり具体的に可視化されて，社員間でも共有化しやすくなった．

(4)　システム化

　次は，これを実現するために必要な能力を必要なときに反復して使えるようにQMSに埋め込む作業，すなわちシステム化が必要である．能力を埋め込むべきQMS要素は，プロセス面とリソース面に大別され，その中

身が細分されている．QMS 要素については第 3 章で述べているので，参照してほしい．

Y 社では，必要な能力ごとに，どの QMS 要素にどのように埋め込まれているべきか，ということを丹念に検討した．

例えば「製品設計業務への支援・お手伝い」という顧客価値を提供するのに必要な能力は，いくつかあるが，その中の一つとして「迅速に設計提案ができる」能力が必要である．そしてその能力をいつでも誰でも発揮できるようにするためには，設計・開発プロセスの中に「Y 社の蓄積された技術の組合せをするとかモジュール設計をする方法（手順）」がシステム化されていることが必要である．

さらにこのシステムは，リソース面では Y 社に蓄積された設計知識がいつでも取り出せるようにデータベース化され，金型製作パートナー F 社の技術を活かすためのインターフェイスの仕組みや，Y 社と F 社の技術者

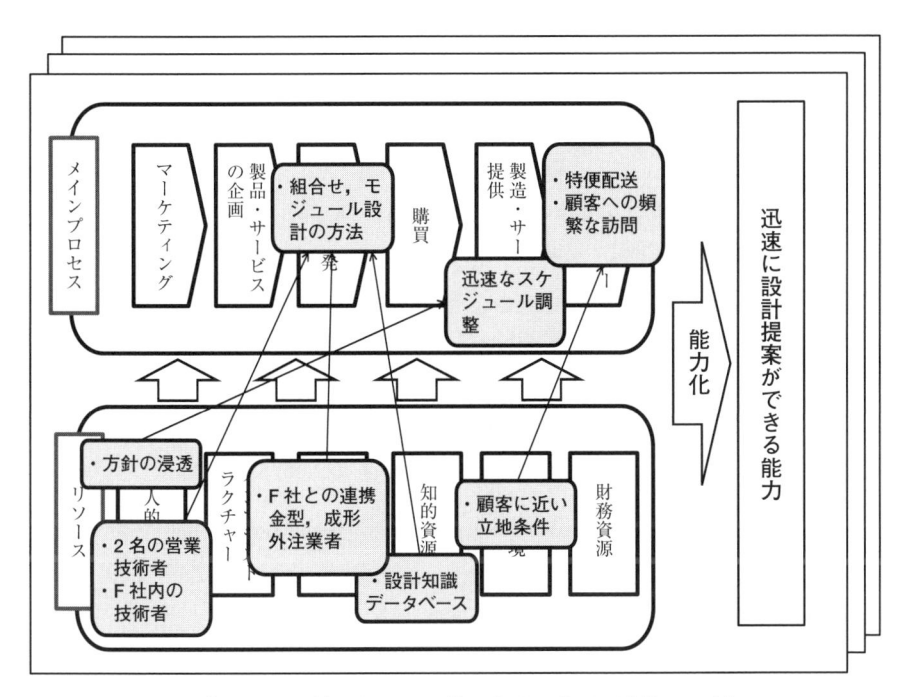

図表 4.16　Y 社のシステム化のためのあるべき姿の一例

のヒューマンリソースが確実に確保されるための仕組みができて，これにバックアップされなければならない．このようにして顧客価値提供に必要な能力を埋め込むためのシステムのあるべき姿が現れてきた(図表4.16)．ちなみにこの例は，第1期では「技術の可視化」という表現になっていた強化事項の一部が，より具体的に QMS に埋め込まなければならないこととして明確化されたということでもある．

2014年3月時点においては，Y社の特定された顧客価値を提供するために必要な能力が，QMS のどこに，どのように組み込まれるべきかということを明らかにして，それと現状とのギャップを顕在化して行く作業を，第1期とは違った新たな方法で実施している最中である．

ここまでが，Y社の第2期の取組みである．本書が発刊されるときにはさらに進んで，システム化の具体的な実施事項が確定して，これを反映して現在活動している「ギャップ反攻戦略プログラム」がさらに強化されているものと期待したい．

4.2.5　Y社における活動を振り返ってみて

Y社では，これまでの組織能力像による改善・改革活動を振り返ってみて，以下のように感じている．

① これまでは自社の弱い部分ばかり目立って，これを強化することに懸命に取り組んでいたが，今は特徴や強みを活かした取組みにより，自信をもってがんばる気持ちを強く持てるようになった．

② Y社の成功に向けた事業シナリオが可視化できることにより，事業戦略を立てやすくなった．また，経営層・幹部社員の経営に対する方向性が一致して，管理の一貫性がでてくるようになった．

③ 自分たちの描いた組織能力像はまだゴールではない．次のステップへの足がかりができてきた．これからもさらにレベルアップをしていきたい．

Y社はまた，以下のような点を今後の課題と考えている．

1) 現在進行中の「ギャップ反攻戦略プログラム」を，今回の組織能力像見直しの結果を反映して改訂し，さらに強化していく．

2) 今回の組織能力像見直しの結果を反映して現在運用しているISO 9001のQMSを改訂して,もっと経営効果の高いものに再構築する.そのために必要な事項は,上記のプログラムにも追加する.
3) 今回の組織能力像の見直しでは,当面のある程度予測のできる比較的小さな変化を考慮したものであったが,今後は現時点では予測精度が低いような,しかも大きな変化に対応した組織能力像の見直しと新たな対応をしていきたい.
4) 上記の1),2),3)の活動が,定常的にできるような戦略的なマネジメントレビューができるような仕組みを構築して実施する.

4.2.6 Y社の事例から見えてきたこと
(1) 第1期と第2期の取組みの違いから見えること

本節では,組織能力像を比較的ラフに設定した第1期の例と,論理的に緻密に行った第2期の例の両方の事例を紹介した.得られた結果だけでいうなら,大筋ではその両者に大きな違いはない.違いは,第2期においては,最終的に実施する内容がより具体的になってきたことと,その内容がY社の競争優位要因により肉薄するようになり,競争力強化に向かう目的指向が鮮明になってきた,ということである.

例えば,第1期の反攻戦略プログラムの中で出てきた,「技術の可視化」という大項目は第2期であっても変わらない.そして第1期の取組みの中で具体的に実施してきた一例が,成形条件の設定時のポイントをチェックリスト化して技術の「見える化」を図るというようなことをやってきた.これは今までも必要だと感じながらもなかなか手をつけられなかったことが,その必要性が明確になり,高い動機,意欲を持って進めることができた好事例である.

さらにこれが第2期では「技術の可視化」のための「システム化」の過程をしっかり考えることにより,生産準備段階での仕組み,そのときの担当技術者の力量,これをサポートする知的資源の存在(例えば過去の失敗事例などの知識化),金型や成形機そのものに対するメンテナンスの技量など,システムとしてあるべき姿が明確になった.これと現状の姿との

ギャップを明確にすることで，Y 社の持続的な成功のためにより効果的な実施事項が定められるようになる．

(2) 組織能力像の効用

　組織能力像を明確にする直接の目的は「QMS の構築・再構築」である．これを達成するために顧客価値，能力，システム化などを行っていくのだが，顧客価値や事業メカニズムを明確にするだけでも，今までとまた違った効果的な経営活動ができるようになる．

　その一例が，Y 社において実施した，現状顧客及び見込み顧客をリストアップし，それぞれの顧客に対して提供する顧客価値をどう評価しているか，あるいは評価してくれそうか，ということを確認してみたことからの展開である．この結果を通してY 社では，既存の取引先に対する今後の方針や，新規に開拓する取引先の優先度の決定などの販売方針を立て直して販売活動を行うことにつなげられる．

　あるいは，Y 社が第1期で実施した「ギャップ反攻戦略プログラム」は，今から考えると，システム化の過程を駆け足で通過して立てられたプログラムではあったが，大きな方向としては当社の競争力強化に向けた，ISO 9001 で実施していた目標管理よりはるかにレベルアップしたものとなった．このように競争優位要因をしっかりと把握して，これを強化するようなプログラムを立案してこの PDCA を回していく活動につなげることができる．

　Y 社の事例ではないが，成功のシナリオとこれを実現するための競争優位要因を明確にして，これをもとにして自社の中期事業戦略の見直しをするような事例もあった．これは Y 社のギャップ反攻戦略プログラムの中期計画版ともいえる．このように，組織能力像を明確にすることにより，さまざまな場面で今までとは違った経営効果に結び付くような活動につなげることができる．

　このようなことすべてが QMS の再構築活動かもしれないが，ここで紹介した事例は，そんな組織能力像の効用の広さ・深さを示唆するものでもあったといえるかもしれない．

4.3 優良事例を読み解く

4.3.1 読み解き方

本節では，堅実かつ積極的に事業の運営や展開を行っている中小・中堅企業3社を取り上げ，著者の一人，金子が行った各社の経営層へのインタビューを通じて，本書で述べている持続的成功のために重要となる，以下の4つの視点から各社の事業運営方法を読み解く．

① 製品・サービスを介した顧客価値提供
② 価値提供における重要組織能力
③ 重要組織能力の発揮の源泉となる自社固有の特徴
④ 能力発揮のためのQMS

さまざまな業種・業態の企業の事例の読解を通じて，これら4つの視点で事業を捉えることの重要性を認識していただくことが目的である．同時に，本書の考え方が広範囲な業種・業態の企業で活用できる汎用性があることも示したい．

また，4.3.2項以降の基本構成は「会社概要」，「ビジネス環境」，「事業運営方法の読解」，「持続的成功に向けたさらなる一手」となっている．とりわけ，「事業運営方法の理解」において，4.1節でも示した図表4.17のようなテンプレートで統一的に整理して提示する．

4.3.2 株式会社ツガワ

本項の内容は，株式会社ツガワの代表取締役社長執行役員である駒田義和氏に対して行った2回のインタビュー結果をまとめたものである(『品質』，Vol.43, No.3, pp.58-61, 2013年)．

(1) 会社概要

株式会社ツガワ(以下，ツガワ)は昭和28年6月に創業し，2013年6月に創立60周年を迎えた企業である．創業当時は主に板金加工，溶接や塗装処理を行っており，これらが会社の中核事業であった．しかし，時代の変化とともに，これら製品・サービスの明確な差別化ができなくなり，収

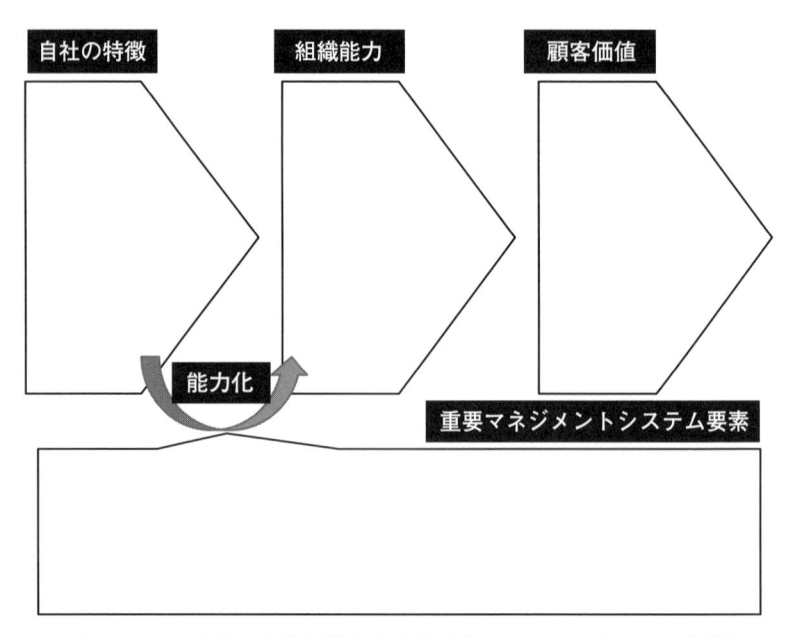

図表4.17　各企業の事業運営方法を記述する統一テンプレート（再掲）

益の安定的な確保も困難な状況になりつつあった．新たな事業の柱を探している中で当社が目を付けたのは，国内大手メーカーによる電子機器・装置の生産委託，外注化である．すなわち，これまでの「板金屋」から，EMS（Electronics Manufacturing Service）を行う企業体制への転換である．

　2012年時点においては，従来の板金ビジネスと電子機器・装置の生産委託ビジネスの割合はそれぞれ3対7となっており，利益のほとんどは後者のビジネスから生み出しているという．インタビューを実施した2013年5月時点で，従業員234名（グループとしては383名），資本金3500万円（グループ全体で9,500万円），年商は72億円であり，製品・サービスとして取り扱っているものを図表4.18に示す．これらからもわかるとおり，多種多様な業種・業界の大手国内企業との取引きのある会社である．

- 金融端末，画像処理機，医療機器等の設計・製造
- アミューズメント機器などの設計・製造 OEM 生産
- 精密通信機部品の製作
- 精密プレス板金仕上加工　など

図表 4.18　ツガワの事業

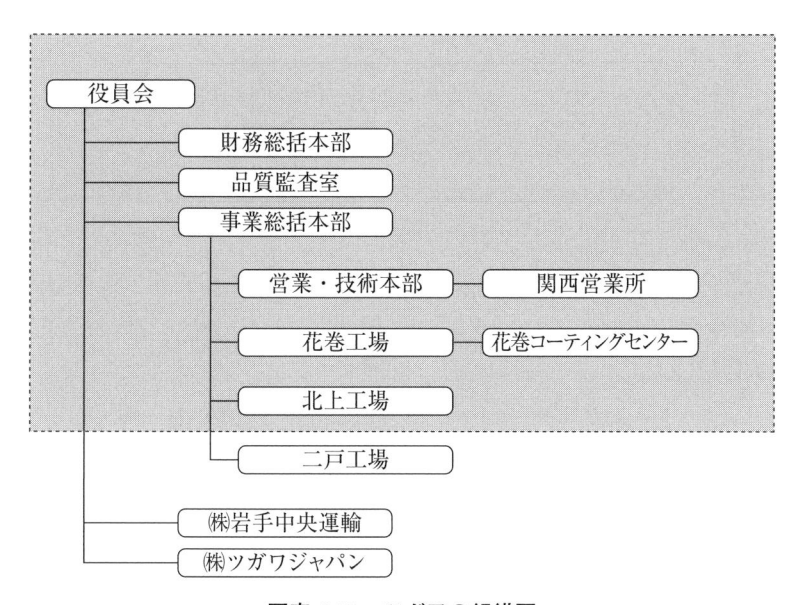

図表 4.19　ツガワの組織図

　ツガワの組織図を図表 4.19 に示す．本社は横浜にあり，工場は東北地方に北上工場，花巻工場・花巻コーティングセンター，二戸工場(グループ会社)がある．また，物流及び設置はグループ会社の岩手中央運輸が担っており，営業拠点は関東営業所(横浜本社)と関西営業所(神戸市)の2つがある．

(2)　ビジネス環境

　ツガワを取り巻くビジネス環境を①顧客市場環境，②競合環境，③パートナーとの関係の3点から述べる．

① 顧客市場環境

近年の取引製品としては，ゲーム機，プリクラ機器，証明写真機器，電車の転倒転落自動ドア，金融端末ATM機器，通信基地，設備(LTE対応など)，マンション宅配ボックス，電気／エネルギー事業における蓄電機，メガソーラー設置機器，医療用診断設備機器などがあり，顧客の業種・業態を問わず，顧客のニーズがあれば積極的に市場開拓を行ってきている．

また，顧客は会社概要でも述べたようにすべて国内大手企業であり，納品する電子機器・装置はいずれも国内で設置，使用される製品を対象としている．そのため，汎用品・標準品の提供ニーズは少なく，基本的に顧客ごとのカスタマイズ仕様であり，生産も受注生産方式となっている．その結果，個々の顧客からの注文数はそれほど多くないという特徴がある．

さらに，日系を中心とした顧客企業における経営環境の激変や悪化に伴い，電子機器・装置の企画，設計は行うが，その後の調達，生産(組立)，設置までをすべてアウトソーシングする動きが欧米に比べてかなり遅いタイミングではあったが，徐々に生まれてきている．

また，こうした顧客企業が有する設計者についても，団塊世代の一斉退職や技術伝承がうまくできていない状況の影響などもあって，板金・塗装技術に詳しい製品設計者・工程設計者が少なくなり，「生産」以降の工程だけでなく，その上流である「設計」までも外注化したいというニーズも多いようである．

② 競合環境

ツガワの競合環境を的確に捉えるために，競合のタイプ別に，すなわち「大手EMS企業」，「国内系列製造会社」，「板金，塗装会社」，「日系同規模EMS企業」の4つの側面から説明する．

・大手EMS企業

世界最大のEMS企業である台湾の鴻海精密工業をはじめとして多くのEMS企業があるが，いずれも，顧客からの明確な製品仕様の提示(または汎用品・標準品の提供)にもとづいて，規模の経済を活かした圧倒的なボリュームの生産を受託することで，顧客企業のコスト競争に貢献している．

・国内系列製造会社

　これまでの国内顧客企業は自製するか，そうでなければ同一系列の製造会社に製造を回してきた経緯がある．これらの国内系列製造会社は，そのような2～3社の顧客企業との取引が自社の売り上げ，収益の大部分を占めており，顧客から求められた仕様どおりに製造するという考えが根付いているところが多いという．

・板金，塗装企業

　ツガワと同様に，これまでの「板金屋」から「EMS」に転換してくる可能性はある．しかし，現時点では板金屋の多くは零細企業であり，製品組立ができる機能がないことが多く，顧客からの注文サイズに対応できる生産体制が不足しているのが現状である．また，顧客への製品設計に対する技術提案や，顧客との協力開発体制を引く財務的な余裕もほとんどないのが現状である．

・日系同規模EMS企業

　日本においては，欧米に比べて顧客企業が生産機能を自前で保有していることが多く，必要部品の調達はするが生産の全面的な外部委託は行っていなかった．したがって，ツガワと同様な規模の日系EMS企業は国内でほとんど育ってきていないのが現状のようである．

　以上から，現時点でツガワと直接競合しているのは主に「国内系列製造会社」ということになる．

③　パートナーとの関係

　取り扱う機器，装置が多種多様であるため，ツガワ社内で設計，製造することもあるが，すべてを自社でまかなうことは難しい．それを可能としているのが，238社に上るパートナー企業との協力関係である．図表4.20にその内訳を示す．この体制によって，異なる業種・業態の顧客企業の一品一様の製品の(一部)設計，調達，生産，物流，設置のすべてを担うことができる．

　これらパートナー企業との連携・調整は，ツガワの購買本部が主に行っている．購買本部は20名体制で，すべての製品の部材調達を担っており，1人で数百点の部材を調達する担当者もいるという．主に自社設計してい

```
＜パートナー企業内訳＞
    板金…………56 社      購入…………93 社
    処理…………30 社      ハーネス……  6 社
    成形…………  9 社      電気…………44 社
```

図表 4.20　ツガワのパートナー企業

る製品に関しては，主力パートナー企業と半期ごとに生産計画を打合せしており，そこで情報共有・調整を行っている．このような情報開示・共有化により，パートナー企業に早めに生産準備をしてもらうことが可能となり，たとえ図面発行からのリードタイムが短くても（平均して1週間から3週間），納期対応が可能となっている．

また，その他の部材の発注品も含めてパートナーの負荷状況を考慮しながら，発注量を調整する方法を取っているという．さらに，納期が長い電子部材などについては，設計の進捗状況を見ながら，先行手配を行うことにより，全部材を生産計画に対し納期厳守で調達しており，パートナーとの連携・協力体制は非常にスムーズなものとなっている．

(3)　事業運営方法の読解
①　製品・サービスを介した提供価値

ここでは，多くの競合がいる中で顧客企業がツガワを選択する理由を述べる．その要点（≒提供価値）をまとめると，以下の枠内のとおりである．

```
（A）　比較的少量サイズの注文に対応してくれる
                                    （対大手 EMS）
（B）　製品設計の支援，アドバイスをしてくれる
                            （対大手 EMS，系列製造会社）
（C）　需要変動対応をしてくれる
                            （対大手 EMS，系列製造会社））
```

価値(A)は大手 EMS 企業に対してのツガワの強みである．つまり，大手 EMS 企業は圧倒的なボリュームの製品を製造することが得意であるが，国内顧客企業の，国内に設置する機器・装置を対象としているので，大手 EMS 企業が期待するボリュームゾーンの注文数を期待できない．一方で，ツガワにとってはそのような中規模の注文サイズであっても利益が出る収益構造，体制になっていると思われる．

　(B)の提供価値は，大手 EMS 企業，国内系列製造会社の両方に対する強みとなっている．顧客市場環境の項目でも述べたように，顧客には「生産」の全面的な委託に加えて，「設計」までも委託したいというニーズがある．しかし，大手 EMS 企業は「生産」委託に特化したビジネス形態であり，「設計」までに積極的に踏み込む体制になっていない．国内系列製造会社も，これまで顧客から提示のあった仕様にもとづいて製品を製造すればよいという考えが根底にあるため，体制，組織風土ともにそのような活動を行うのには大きな抵抗があるようだ．

　以上の(A)，(B)の価値によって，国内の顧客企業にとっては中規模の注文数で，電子機器・装置の製造だけでなく，設計支援・提案までしてほしいというニーズを満たしてくれることになる．逆にいえば，このような顧客ニーズを満たす価値を提供できる企業が現時点で国内にほとんど存在しないことを示している．

　図表 4.21 にある製品の生産量の変動を示す．(C)の提供価値も(B)と同様に，大手 EMS 企業，国内系列製造会社の両方に対する強みとなっている．

　顧客企業は自社を取り巻く経営環境によって製品開発，販売戦略を柔軟に変える必要があり，常に一定の数を注文したいわけではない．例えば，メガソーラー事業，発電・蓄電事業の伸びは政策面の支援もあって突出しており，需要が激増している．また，ツガワが取り扱ったゲームセンター内に設置されるプリクラ機器は流行時には需要が激増したが，今では激減している．これを可能にしているのは，ツガワの生産調整能力であり，生産工場が兼業農家の多い東北地方にある理由の一つでもある．

② **提供価値に重要な組織能力**

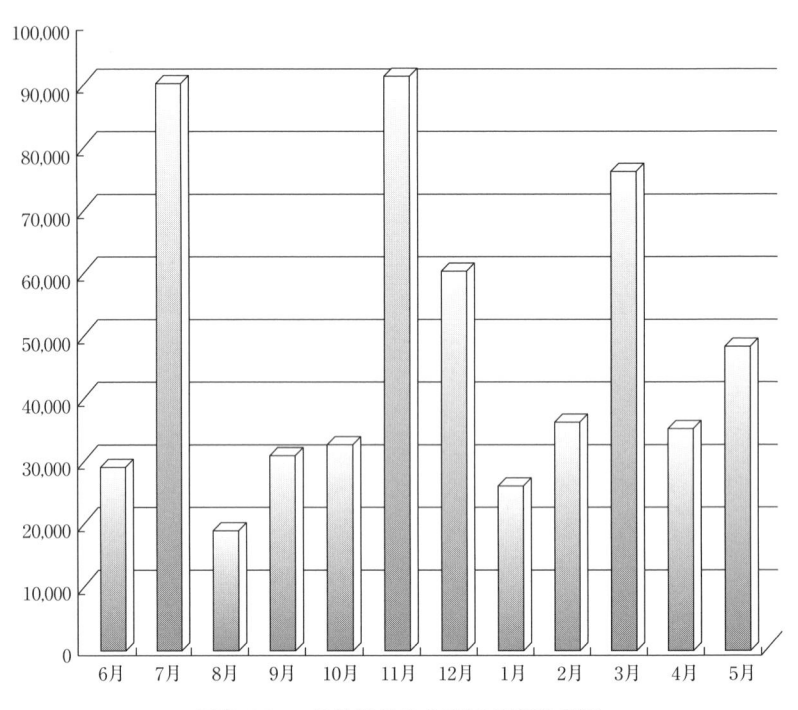

第4章　事例に見る真・品質経営の実像

図表 4.21　ある製品の生産量の変動の例

　提供価値に重要となる組織能力は多くあるが，その中でもツガワの強みは，特定の業界というよりは，有望となる業界の顧客はどこであるかを知る「1) マーケティング力」とそこでターゲットとして選んだ業界の1位，2位の顧客への「2) セールス活動実践力」となっている．

　これは，現時点での直接の競合相手である国内系列製造会社にとっては，顧客からの製品仕様の提示による生産，特定業種・業界の特定の顧客企業との取引に焦点が置かれていたことを踏まえると，弱いところである．大手EMS企業に至っては，注文数が多い別の案件を中心に営業していると考えられる．

　提供価値に重要な能力は，顧客における使用条件，環境がどのようなものであり，それに適合した製品の仕様をいかに提案できるか，すなわち「3) 製品仕様に対する提案力」にかかっているといえる．ツガワは競合他社に比べて，業種・業態を問わずあらゆる顧客企業と取引きがあり，そこ

での使用条件・環境に関わる情報・知識が蓄積されやすい．また，顧客による製品仕様の提示を待つのではなく，製品仕様を積極的に提案することにフォーカスしている．その結果，競合に対するツガワの当該組織能力の優位性を発揮できている，と考えることができる．

最後に（C）の提供価値に必要な能力は，顧客企業からの注文量の劇的な変動（激増 or 激減）に対する「4) 生産調整力」と捉えることができる．ツガワでは，このような変動を自社内で吸収するとともに，パートナー企業との協業による影響の分散化の両面に取り組んでいる．特に後者に関しては，第2章で述べたように238社の企業とパートナー関係にあり，顧客からの注文された製品のすべてをそもそも自製していない．たとえ顧客からの注文が半減したとしても，その影響は自社とパートナー企業とで受け入れることになる．

以上の結果より，ツガワは国内に設置される電子機器，装置を取り扱う国内顧客企業を対象として，生産の受託だけでなく設計支援や提案まで行う中規模 EMS 企業という独自のポジショニングを築いていることがわかる．

③ 組織能力発揮の基盤としてのツガワ固有の特徴

②であげた「1) マーケティング力」，「2) セールス活動実践力」，「3) 製品仕様に対する提案力」「4) 需要な急な変動に対する生産調整力」の4つの組織能力を発揮できるのはなぜかを考察する．

まず，「1) マーケティング力」，「2) セールス活動実践力」に関しては，従来の"板金屋"に留まらず，中規模 EMS への大転換を行ったツガワの全職員に根付いている「a.何事にも物怖じしない，常識にこだわらない挑戦的な風土」であることがうかがえる．駒田社長によると，この規模の会社で年に数回も組織変更を頻繁にしているが，社員にも特に混乱などないという．

また，このことが，特定の業種・業態の顧客との取引にこだわらず，多種多様な顧客市場の開拓につながっている．さらに，駒田社長自らも1カ月のほとんどは顧客先に出向くなど，「b.経営者としての強いリーダーシップ」が行動に表れている．駒田社長自身が情報収集するのは直接の顧

客だけではない．その先の顧客，さらにはその顧客が置かれている経営環境全般をカバーしている．このような行動規範がツガワの「1) マーケティング力」，「2) セールス活動実践力」の基盤となっている．

次に，「3) 製品仕様に対する提案力」では特に2点を指摘しておきたい．第1点に，この規模の会社でかなり「c. 数多くの有資格の技術者（のべ94名）が在籍」していることがあげられる．これは，EMS会社として見ればさらに"異質"である．第2点目は，開発された新規技術はそこから実現される顧客から見た価値とともに可視化・共有化されており，その一部はツガワの"情報カード"として，名刺代わりに顧客に渡されている．つまり，さまざまな業種・業界の顧客企業との取引によって得られた知識が蓄積され，「d. 再利用可能な技術情報として豊富に存在」しているわけである．

最後に「4) 需要な急な変動に対する生産調整力」に関しては，前項(2)でも少し述べたように，まずパートナーとの協業によって需要の急な変動に対する影響を分散化している．一方で，ツガワ自社内においても，生産工場が東北地方にあるが，「e. 東北地方では兼業農家が多い特徴を活かして，従業員として雇用」して，これを自社内の生産調整能力につなげている．彼らにとっては1年中ツガワの生産工場でずっと働くことはできず，このような雇用体制は彼らにとってもメリットが大きい．

以上から，上述したツガワ固有の特徴はいずれも競合が模倣しにくい，転移しにくいものであり，結果としてツガワの市場での競争優位を持続的なものにしているといえる．さらに，このような特徴を活かした事業運営活動を行っていくことで，特徴自体が量・質の両面で育成・向上され，それがさらにツガワの組織能力発揮に貢献するという好循環も見ることができる．

意識的，無意識的かどうかはわからないが，①の提供価値，②その価値提供のための組織能力，③そして組織能力発揮の基盤としての自社固有の特徴の3点を基軸にした事業展開，運営を行っている（逆に言えば，この基軸を大きく外れ，弱体化させるような事業方針を打たない）ように思える．

④ 組織能力を発揮するためのマネジメントシステム

事業運営の基軸を，経営者だけではなく，組織全体として効果的に展開し活動していくために，自社のマネジメントシステムとしてどのような工夫がされているのかを考察する．

まず「1) マーケティング力」，「2) セールス活動実践力」を発揮するために，「開発部隊約40名（設計部隊，生産技術部隊が半々），営業部隊が約20名」であり，どの競合タイプにも見ることができない強力な体制を引いている．

また，提供価値の一つである「3) 製品仕様に対する提案力」に対しては，顧客企業によって製品の仕様は一品一様であるため，「協力開発体制」をすでに引いている．これをさらに強化するため，これまで別々の部署であった開発部隊，営業部隊を「営業技術本部」として一本化した組織体制に去年2012年12月に変更した．これにより，営業から技術への橋渡しがよりスムーズになると考えられる．

さらに，「技術情報の可視化，共有化のための奨励の仕組み」として，

- 定期的に各工場からの技術提案を受けて社長が選定し表彰する．
- 技術リストは情報カードとしてツガワのHPに掲載され，さらに名刺にも印刷されて顧客企業にも手渡される．
- プライベートショーや技術セミナーを頻繁に主催し，技術者自身が顧客企業からの評価やフィードバックを得ている．
- 各工場のベテラン技術者による，若手技術者への勉強会を開催している

などがある．ツガワは自社をE.D.M.S.(Engineering Design Manufacturing Solution)カンパニーと標榜しており，高度専門技術に立脚した製品・サービスを提供する会社を目指している．すなわち，単なる生産受諾(EMS)企業になるのではなく，製品設計に対する技術的な提案など，より付加価値の高い事業形態になるということである．

最後に，「4) 需要な急な変動に対する生産調整力」に関しては，ツガワの生産本部機能がその役割を担っている．当該本部は，変動要素の激しい

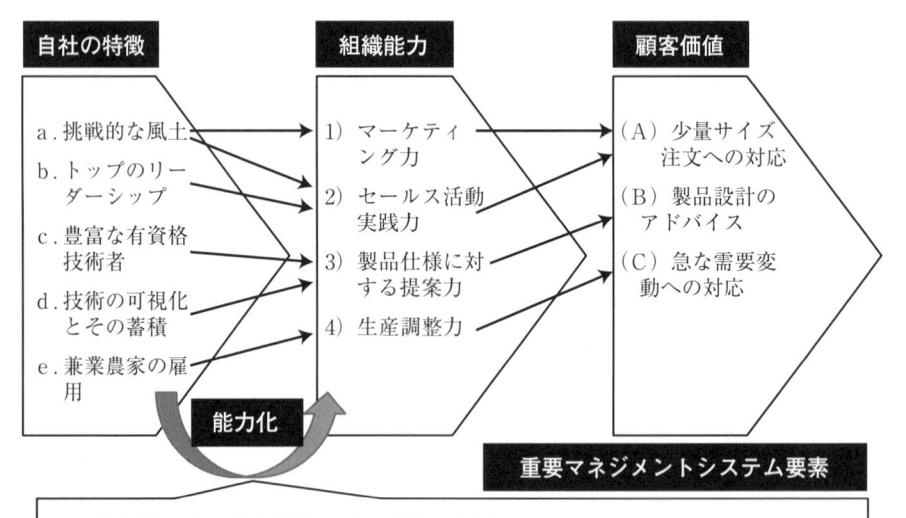

第4章 事例に見る真・品質経営の実像

```
┌─ 自社の特徴 ──────┐   ┌─ 組織能力 ──────┐   ┌─ 顧客価値 ──────┐
│ a. 挑戦的な風土    │   │ 1) マーケティ      │   │ (A) 少量サイズ    │
│ b. トップのリー    │   │    ング力          │   │     注文への対応  │
│    ダーシップ      │   │ 2) セールス活動    │   │ (B) 製品設計の    │
│ c. 豊富な有資格    │   │    実践力          │   │     アドバイス    │
│    技術者          │   │ 3) 製品仕様に対    │   │ (C) 急な需要変    │
│ d. 技術の可視化    │   │    する提案力      │   │     動への対応    │
│    とその蓄積      │   │ 4) 生産調整力      │   │                   │
│ e. 兼業農家の雇    │   │                    │   └───────────────────┘
│    用              │   └────────────────────┘
└────────────────────┘        能力化

┌─ 重要マネジメントシステム要素 ─────────────────────┐
│ ・開発部隊20名，営業部隊20名の強靭な体制             │
│ ・開発，営業の連携強化のための「営業技術本部」の運用 │
│ ・顧客との協力開発体制                               │
│ ・技術可視化の仕組みとしての技術情報カードと奨励制度 │
│ ・需要に応じた人員の柔軟な配置転換                   │
│ ・作業教育メニューの標準化とその活用                 │
└──────────────────────────────────────────────────────┘
```

図表 4.22　ツガワにおける事業運営方法

生産部門の人員コントロールが主な役目となっており，具体的には「スキルの高い精密組立人員については担当する機種の生産が終了しても，別機種の生産をしながら次の生産に備えるような配置転換を行い」，コントロールしている．一方で，比較的難易度の低い組立については，新人を「ツガワ独自で作成・開発した作業教育メニューにより指導し，3日から1週間程度でラインへ投入することができる体制」となっているようである．

これまでの①～④までの話をまとめると図表4.22のようになる．

(4) 持続的成功に向けたさらなる一手

以上の読解において，ツガワのなり立ち，今の事業環境下で生き残るためにいかに取り組んできたのかを説明した．しかし，これからも取り巻く事業環境は大きく変化するのは確かである．

顧客市場の観点から言えば，国内の復興関連事業，エネルギー関連事業などの需要は急増しており，この状況がしばらくは続くであろう．また円安が進んだ影響により，製造業の国内への回帰も進むと予想される．

　つまり，国内の顧客市場にはまだまだポテンシャルがあり，ツガワのシェアもまだ低いため，魅力的な市場だと考えることができる．これに対しては，製品設計の支援，技術的提案できる営業・技術人材の増強を先んじて行っている．また，200社を超えるパートナーを活かした生産体制の充実も図っている．

　さらに，東北地方の生産拠点を中心とした事業展開を進めていくことが，東日本大震災からの復興の手助けにもなるとの強い思いもあるようだ．

　競合環境に目を移すと，今後，競合タイプの板金，塗装企業もツガワと同様な展開をしてくる可能性は否定できない．

　また，一部の大手EMS企業も自社製品開発を始めるといい出している．国内系列製造会社も巻き返しをねらっているだろう．このように，新たな競合が出現する可能性は大きい．これに対しては，やはり「製品設計に対する技術的な提案力」の向上が重要だと考えているようだ．ツガワも売上の7割を占める電子機器・装置の生産受託ビジネスにおいて，設計部分にまで携わっているのは全取扱い製品数の半分程度のようで，その範囲を広げ，1件1件の技術的提案内容の質向上にも努めているという．駒田社長がいう"トータルエンジニアリングサービスの提案"に近づけるよう，将来に向けた次なる一手が打たれ始めているように見えた．

4.3.3　阿波スピンドル株式会社

　「世界で活躍している老舗メーカーで，2012年にTQM奨励賞も受賞している素晴らしい中小企業がある」という噂を聞いて，阿波スピンドル株式会社の代表取締役である木村雅彦氏にコンタクトを取り，徳島県吉野川市にある本社に訪問した．本稿は，木村社長への2回のインタビュー結果をまとめたものである(『品質』，Vol.43，No.4，pp.34－38，2013年)．

(1) 会社概要

　阿波スピンドル株式会社(以下，阿波スピンドル)は明治元年(1868年)に創立され，2018年には創業150周年を迎えようとしている老舗メーカーである．創業当時から衣料用の繊維機械部品として，繊維から糸を紡ぎだす撚糸スピンドルの製造，販売を行っている．また，スピンドルのコア製造技術を応用し，繊維分野に特化した多種多様なノズル製品も製造，販売している．これら両製品が現在の当社の中核事業となっている．インタビュー実施の2013年時点において，これら製品はアジアやヨーロッパをはじめとして世界16カ国へ輸出されており，ノズル製品群の中のエアー・ジェットノズルでは，世界トップシェアを獲得している．

　阿波スピンドルは従業員135名，資本金4,800万円，売上24億の中小企業であり，その主要な取り扱い製品群を以下のとおりである．

- 衣料向け繊維機械部品
  - ノズル(エアー・ジェットノズル，ウォーター・ジェットノズル)
  - スピンドル
- ベアリング・自動車部品，精密加工部品
  - ベアリング旋削加工
  - ステアリング部品の加工　など
- 輸出用梱包箱
  - ドライフォール・バック　など

　上述のとおり，このうち衣料向け繊維機械部品が当社のコア製品となっており，衣料の一般的な製造工程とそれに対応する阿波スピンドルの製品群を図表4.23に示す．

　また，阿波スピンドルの組織図を図表4.24に示す．本社及び本社工場は徳島県吉野川市山川町天神に位置する．同山川町春日には瀬詰工場が別にあり，主にベアリングなどの自動車関連部品の生産を行っている．開発，製造機能は日本国内に集約している一方で，販売路は日本国内，海外各地にサービスステーションや代理店などが多くある．

4.3 優良事例を読み解く

```
撚糸工程          撚糸・仮撚工程        織物工程    染色工程    縫製工程    衣料
(※細い糸状の繊     (※糸をねじり
維を作る工程)      合わせる工程)

対応製品：        対応製品：           対応製品：
エアー・ジェッ    スピンドル           ウォーター・
トノズル                              ジェットノズル
```

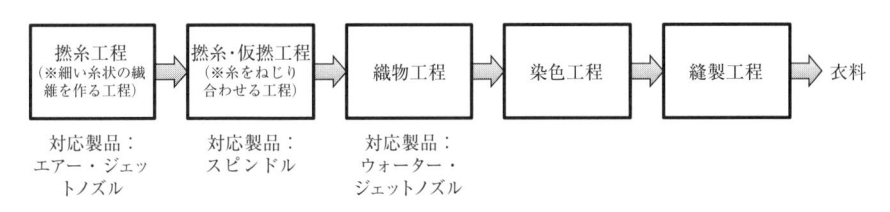

図表 4.23　衣料の一般的な製造工程概要と対応する製品

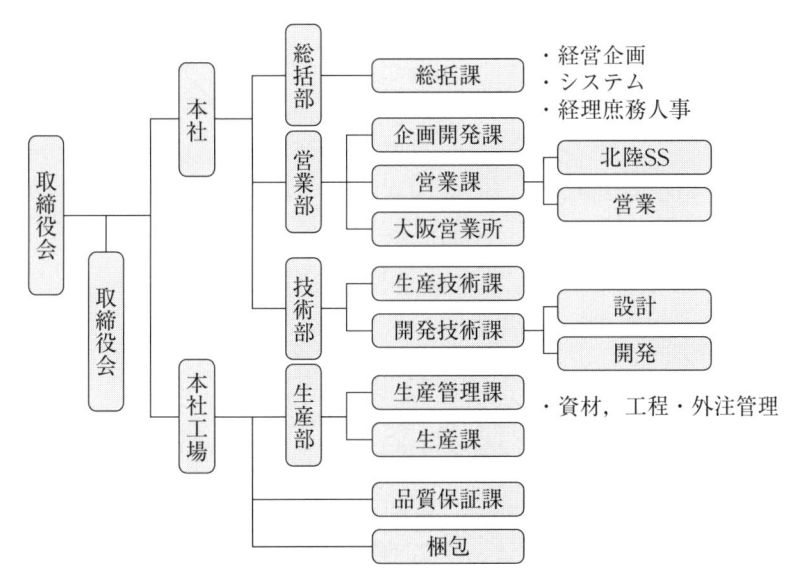

```
                          ┌─総括部─── 総括課 ──── ・経営企画
                          │                      ・システム
                          │                      ・経理庶務人事
                     ┌─本社─┤         ┌─企画開発課
                     │    └─営業部─┤─営業課 ──── 北陸SS
取締役会─┤                  │         │              営業
         │                  │         └─大阪営業所
         │                  │         ┌─生産技術課 ── 設計
         │                  ├─技術部─┤
         └─取締役会─本社工場│         └─開発技術課 ── 開発
                            │         ┌─生産管理課 ── ・資材，工程・外注管理
                            ├─生産部─┤
                            │         └─生産課
                            ├─品質保証課
                            └─梱包
```

図表 4.24　阿波スピンドル本社組織図

(2) ビジネス環境

阿波スピンドルのコア製品は「スピンドル」とそれを応用した「ノズル」であるが，特にグローバルに展開し，競争環境の厳しい「ウォーター・ジェットノズル」(図表 4.25)に焦点を当てて，当製品を取り巻くビジネス環境を述べる．

① 顧客市場環境

近年では，世界の衣料の製造・加工工場の多くは中国に位置しており，当社のメインマーケットとなっている．世界における中国の占める衣料の

図表 4.25　ウォーター・ジェットノズル部品

製造シェアは増加傾向となっている．

　顧客には糸作りメーカー，糸加工メーカー，繊維機械メーカーの 3 種類があり，繊維機械メーカーがノズルを阿波スピンドルに発注し，それを搭載した機械を糸作り／糸加工メーカーに納入・設置している．これら顧客は中国に進出した日系企業もいれば，現地中国企業など，顧客の国籍は多様である．阿波スピンドルにとっては，繊維機械メーカーから発注が来ることもあるが，これは機械そのものを新規に導入する場合に限られ，機械の新規納入がない場合は糸作り／糸加工メーカーから代理店を経由して，既存機器に搭載するノズル製品の取り換え需要が直接届くようになっている．その関係を整理した結果を以下の図表 4.26 に示す．

　繊維機械メーカーから発注が来る場合には，仕様が明確な場合もあるが，そうでない場合もあり，阿波スピンドルも必要に応じて使用条件調査，ヒアリングを糸作りメーカー，糸加工メーカーに対して行い繊維機械メーカーに提案し，繊維機械メーカーとの共同開発体制をとっている．また，糸作り／糸加工メーカーから繊維機械メーカーへの発注依頼の際に，阿波スピンドルのノズルを使ってくれという指定もあるという．

② **競合環境**

　次に，競合環境について述べる．まず，「ノズル」といっても汎用廉価品から高品質高価格品まで幅広い製品ラインナップが存在する．汎用廉価品を提供する大手海外企業に対しては，木村社長の「安価なアジア製品と

4.3 優良事例を読み解く

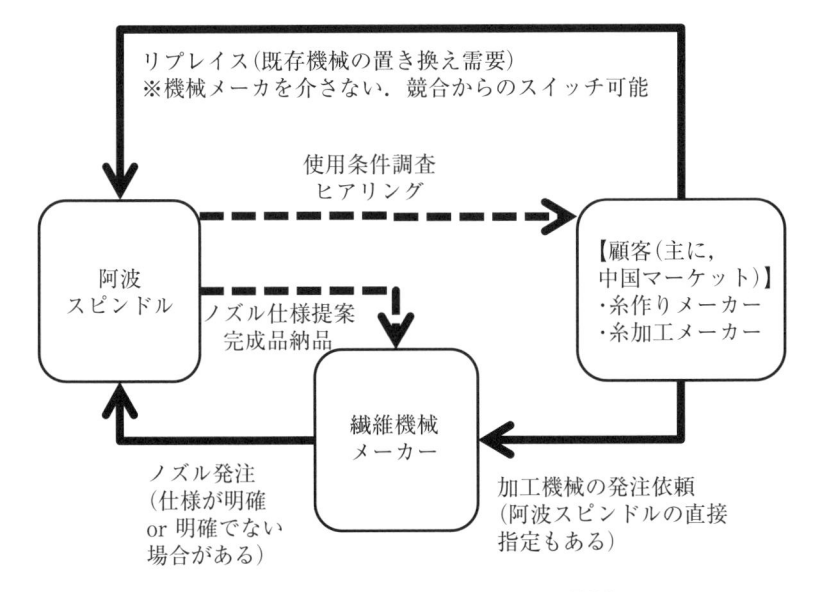

図表 4.26 顧客と阿波スピンドルの関係

の競合はしない」という言葉から，規模の経済が効きにくい点や自社の技術力の高さという強みを考慮して，高品質で機能性の高い製品に絞っている．顧客の製造工程条件に合わせた開発，製造となるため，標準品というよりはほぼカスタマイズ製品の提供となる．

また，高品質，高機能製品の提供に関しては欧州の大手ノズル専門メーカー A 社が存在し，充実した研究開発体制や莫大な投資額による技術力の高さを活かして，いち早く中国市場に参入し実績を上げている．

さらに，国内の同業メーカーについては，むしろ事業の撤退が相次いでおり，現時点で阿波スピンドルのように世界展開を行っている，注意すべき競合相手はほとんどいないのが現状である．

つまり，阿波スピンドルにとっては強力な競合相手は欧州専門メーカー A 社であり，かつ中国市場では後発で，競合を追随する立場であることがわかる．

③ **自社が保有するコア技術**

阿波スピンドルが保有するコア技術は次に示す3つがある．

- シャフトに残る歪みを限りなくゼロに近づける切削技術

　スピンドルの安定回転，高速回転につながるキー技術である．図4.23の「織物工程」で使われるスピンドルや産業用機械（削除：ウォーター・ジェットノズル）においての高速回転に応用されている．

- 微細加工技術

　直径0.2mmの先端フラット部の中心に，0.15mmの穴をバリやカエリなく加工し，肉厚25μmの微小ノズルの量産加工ができる．また，熱処理研磨後の肉厚が10μmの薄肉ノズルも製造可能となっている．この加工技術によって，高精度な糸道設計が可能となり，結果として極細の糸に傷を付けずに高速で流すことで，顧客先での生産性向上に大きく貢献している．

- 高脆材加工技術

　硬度が高く，脆性材料のセラミック（例えば，硬度HV1800のアルミナ）に小径の穴を、高品質に開ける技術を開発している． アルミナセラミック微小穴開け加工（直径1.0mmから捨て加工なしで，割れや欠けのない穴加工を実用化）やマシナブルセラミック（直径0.05mmの穴を高精度に加工できる）に対応可能である．つまり，高脆材を使用した高精度な製品を製造できる．

これら3つのコア技術を確立し，応用することによって，高品質で高性能なノズル製品の開発，製造，販売を行うことができているようだ．

(3)　事業運営方法の読解

以上のビジネス環境を踏まえ，メインマーケットである中国において，阿波スピンドルがいかに事業を展開していこうとしているのかを探っていきたい．

①　製品・サービスを介した提供価値

顧客から見た，阿波スピンドルによる提供価値は以下の3つに要約される．

（A）　省エネ性能の高い製品の提供による，顧客のランニングコストの削減

> （B）　顧客の使用状況，条件を踏まえた製品設計の提案
> （C）　製品設置後も困ったときに相談に乗ってもらえる

　（A）は，例えばエアーやウォーター・ジェットノズルでは，顧客先での空気や水の使用量、使用電力量の削減を意味する．顧客にとって現時点で最もニーズの強い価値ではあるが，競合メーカーA社でも同様に開発に力を入れている価値であり，阿波スピンドルの確固たる競争優位を確立することが難しい状況となっている．

　また，汎用品ではなく高品質で高機能なノズル製品を提供することに焦点を置いているが，中国マーケットでは欧州の競合メーカーA社に対して技術力で圧倒的な優位性を作ることが困難である点を踏まえて，技術力だけでない価値提供が重要となる．それに該当する価値が（B）と（C）となっている．

　（B）の価値は繊維機械メーカーと，糸作り／糸加工メーカーの両方に対して提供される．繊維機械メーカーに対しては，自社内だけでは，多くの評価テストが実施できないため，阿波スピンドルがそのテストを実施し，テスト結果を踏まえて繊維機械メーカーの機械性能や特徴に合わせた適切な製品仕様を提案している．

　また，糸作り／糸加工メーカーはすでに設置済みの機械・装置に対して従来と同じノズルではなく，最新のノズル製品の取り換え・置き換えを望むため，多種多様な品種・状況にある設置済み機器・装置に対応でき，かつその性能を最大限に高めるための開発対応能力が必要となる．

　（C）は，糸作り／糸加工メーカーに対する価値であり，機械設置・運転開始後の製造トラブル解決に対する相談，顧客の製造ライン・製造条件変さらに伴う各種問合せ対応，また必要に応じて現地に赴いての対応も実施するという．

　この活動によって阿波スピンドルに対する信頼感が高まり，繊維機械メーカーに発注依頼をかける際に阿波スピンドルを直接指定することにつなげている．また同時に，リプレイスのタイミングや，顧客の使用機械や

その使用条件などの情報を収集することも，この活動の重要な目的の一つとなっているようだ．

② 提供価値に重要な組織能力

（A）の価値提供のためには，例えばウォーター・ジェットノズルでは「水」を取り扱うので，より少ない水の量で糸を迅速かつ正確に飛ばすための「1) 糸を制御するための流体技術」が必要となる．また（B）の価値提供に重要な能力は，顧客である糸作り／糸加工メーカーにおける使用機器や使用条件がどのようなものであり，それに適合した製品の仕様をいかに提案できるか，すなわち「2) 顧客の使用機器や条件に合った製品仕様の提案力」にかかっているといえる．最後に，（C）の価値提供に必要な能力はいわゆる「3) 技術的支援サービス提供力」と呼ばれるものであり，地理的に遠いことや商売に対する考え方の違いもあって，とりわけ競合メーカーA社が苦手としているところでもあるようだ．

以上の①，②の結果より，メインマーケットの中国市場において，阿波スピンドルは高品質，高機能のノズル製品に特化し，技術力が高く当市場に先行参入している競合メーカーA社に対しては，（A）の価値で大きく離されずに追随するとともに，競合メーカーA社が苦手としている（B），（C）の価値で競争優位性を高める，という戦略を取っているようだ．

これによって，糸作り／糸加工メーカーから直接来るリプレイスのニーズ対応時に競合品から自社製品にスイッチしてもらい，また機器加工メーカーへの発注依頼において阿波スピンドルの直接指定を増やすことで，中国市場での実績や信用を得ながら，着実に市場シェアを増やしていくことが重要となっている．

③ 組織能力発揮の基盤としての阿波スピンドル固有の特徴

②であげた「1) 糸を制御するための流体技術」，「2) 顧客の使用機器や条件に合った製品仕様の提案力」，「3) 技術的支援サービス提供力」の3つの組織能力の発揮に活用している特徴を述べる．

まず，「1) 糸を制御するための流体技術」に関しては，衣料向け繊維機械部品を「a.140年以上も開発，製造し続けていることによる技術の蓄積」がある．この技術の蓄積が高品質，高機能のノズル製品を開発，製造でき

る基盤となっており，多くの大手の汎用品メーカーと差別化できていることは言うまでもない．ただ，「ノズル」製品に関しては，競合メーカー A 社は老舗専門メーカーであるため，当分野に関する技術の蓄積では，阿波スピンドルが追随する立場となっている．

「2) 顧客の使用機器や条件に合った製品仕様の提案力」に関しては，「b. 国内に限らず，世界 16 カ国の顧客との取引実績やネットワークがあること」自体が，多種多様な顧客のニーズ，使用条件などの情報を収集しやすいという特徴がある．また，本社及び製造工場はすべて徳島県内にあるが，社長をはじめ従業員全員が世界を相手に競争するグローバル企業の中で働いているという意識があるため，視野が広く，「c. チャレンジ精神が非常に強い」．その証拠に，ISO 9001・14001・OHSAS 18001 は当然として TQM 奨励賞，日本経営品質賞などの外部審査に対しても全社をあげて積極的に挑戦している．それに，日本人の特徴である「c. 顧客ニーズに徹底的に応えたいというこだわり，おもてなし志向」も合わさり，顧客に対する製品仕様の積極的な提案に最終的につながっているようである．

最後に，「3) 技術的支援サービス提供力」に関しては，メインマーケットである中国が本社のある日本と「d. 地理的に近い」ことがあげられ，これによって顧客の製造現場により頻繁に訪問することが可能となり，また顧客からの困りごとに迅速に対応できるようになる．さらに，上述した「c. 顧客ニーズに徹底的に応えたいというこだわり，おもてなし志向」から，製品を納めたらそれで終わり，という商売スタイルではなく，最後まで面倒を見ることに対する組織風土が強く影響を受けており，競合メーカー A 社に対する競争優位の根源の一つとなっている．

以上から，上述した阿波スピンドル固有の特徴はいずれも競合が模倣しにくいものであることがわかる．また，グローバル競争環境下において，日本人としての気質や特徴を事業の競争優位要因にうまく活かしている例と捉えることができる．

④ **組織能力を発揮するためのマネジメントシステム**

③で述べた各特徴を②の組織能力の発揮に活かすために，自社のマネジメントシステムとしてどのような工夫がされているのかを考察する．

空気や水の使用量削減のための「1) 糸を制御するための流体技術」は，現時点の阿波スピンドルにおける技術開発の最重要テーマの一つであり，当該テーマに関わらず，「開発された技術は直ちに製造・加工条件（プログラム）やそれらに関わる手順書として明文化され，保管される」．また，次の技術開発テーマ候補をあげる必要があるが，自社内にこれまで蓄積された技術及びその変化を踏まえて，今後の技術開発動向はほぼ正確に把握できているようで，後は顧客との個別プロジェクトの中で，顧客のニーズを考慮してどのテーマを優先的に開発し実現するかを，「担当の営業スタッフと技術スタッフがすり合わせを行って」決めているという．

「2) 顧客の使用機器や条件に合った製品仕様の提案力」，「3) 技術的支援サービス提供力」は対しては，「技術営業スタッフの力量向上」を行っているようである．具体的には，現在，営業部には12名のスタッフが在籍しているが，そのうち，営業と技術の両方の技術・知識を有したスタッフが計4名いる．このような部門を跨る人事考課を行いながら，教育・訓練によってさらなる力量強化を図っている．木村社長は，従業員135名の中小企業においては何よりも人材こそが経営の最重要資源であるとの考えを持っており，以下の図表4.27に示すように，従業員に対する研修制度に特に力を入れている．これ以外にも，営業部門独自で，企画提案のための勉強会，プレゼン，商談ロールプレーイングなども行っているとのことである．

最後に，上記1) ～ 3)が適切に機能し，その結果として経営目標を達成できるかどうかを監視・測定するために，「方針管理進捗会議（8：30 － 17：00 × 3日）を毎月で開催し」，半期に1回はトップ診断を行っている．また，経営目標の設定に関しては，社長と部課長メンバー10名で合宿（年度目標は2日間，中期目標は3日間．いずれも9：00 － 24：00）を行い，そこで徹底した議論を行って木村社長との意思疎通を図っており，木村社長としては次期経営者の育成という目的も含まれている．

以上の①～④までの話をまとめると図表4.28となる．

4.3 優良事例を読み解く

		新入社員	中堅社員	監督者	管理者・幹部
階層別教育		新入社員研修 中途新入社員研修 若手社員研修 品質管理社内研修(4級)	中堅社員研修 新任監督者研修 OJT研修(職場内マルチスキル) ISO内部監査員 (14001, 9001) OHSAS内部監査員(18001) 品質管理検定(3級)	管理監督者研修 新任監督者研修 実践監督者研修 ISO内部監査員 (14001, 9001) OHSAS内部監査員(18001) 品質管理検定(3級) 役割責任の明確化研修	部次長研修 経営幹部研修(トップマネジメント) ISO内部監査員 (14001, 9001) OHSAS内部監査員(18001) 品質管理検定(2級)
職能別教育	生産管理	工程基礎研修 ISO基礎教育 5S・品質改善活動研修	生産情報システムの実務 生産情報システムの改善 危険物取扱い講習 安全管理者 安全衛生推進者 原価計算勉強会	新生産管理システム事例 衛生管理者講習 改善エキスパート研修	製造管理 生産管理 原価管理 人材開発 予算統制　等教育
	技能・技術	図面基礎研修 測定・力学法 品質管理	(設計)機械設計・CAD 機械設計・応用解析など (製造)技能士検定(1・2級) 機械加工　普通旋盤 円筒研削・NC旋盤 放置加工 溶接・熱処理 (生産自動化技術)数値制御 NC旋盤　ワイヤーカット (組立・検査)組立調整 測定・材料試験 (保守・安全) 設備保全セミナー 改善活動研修 玉掛け・クレーン・フォークリフト・動力プレス	設計の標準化 最適設計手法 難削材加工技術 超精密加工 新素材技術加工 検査データ処理技術 機械運用技術 振動解析 機械診断	
	営業・事務	製品基礎知識研修 IT関係教育 接客マナー研修 電話コンクール 為替勉強会 事務効率改善研究会	(営業)営業管理 営業技術・販売促進 在庫管理実務 コンサルティング研修 提案営業研修 (総務・経理)企業会計 決算事務・財務会計 給与計算事務 ワード・エクセル応用実務	企画・調査分析・研究 市場開発 人材開発 業績アップ研修 管理会計 予算管理	財務諸表管理 経営企画 経営分析 経営戦略
安全教育		安全衛生基礎知識 労災防止ビデオ研修 交通安全教育 安全衛生初回指導 防災訓練 緊急時対応訓練 AED取扱説明会	フォークリフト運転技能研修 クレーン運転技能研修 玉掛け技能・溶接技能 旋削砥石取扱講習 危険物取扱い講習 安全管理者研修 安全衛生推進者 危険予知研修	衛生管理者講習	安全衛生教育
自己啓発		(受講対象者)実務上の選任者及び希望者 (各種講座等)意識改革リーダーシップ研修 　　　　　　通信教育各種講座 　　　　　　英会話教育研修 　　　　　　その他自己開発研修			
委員会		品質環境改善委員会 安全衛生改善委員会 5S改善委員会 広報委員会			

図表4.27　研修制度

187

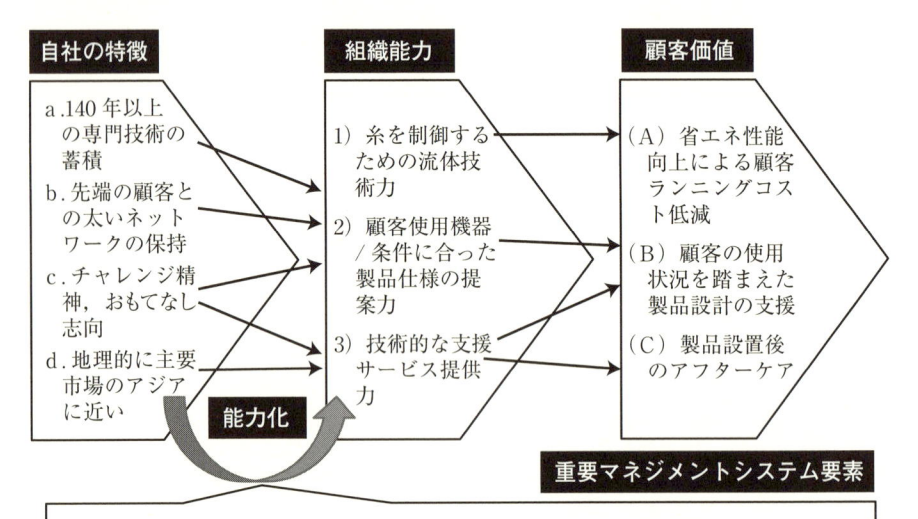

第4章　事例に見る真・品質経営の実像

自社の特徴
- a. 140年以上の専門技術の蓄積
- b. 先端の顧客との太いネットワークの保持
- c. チャレンジ精神，おもてなし志向
- d. 地理的に主要市場のアジアに近い

組織能力
1) 糸を制御するための流体技術力
2) 顧客使用機器／条件に合った製品仕様の提案力
3) 技術的な支援サービス提供力

能力化

顧客価値
- （A）省エネ性能向上による顧客ランニングコスト低減
- （B）顧客の使用状況を踏まえた製品設計の支援
- （C）製品設置後のアフターケア

重要マネジメントシステム要素
- ・開発した技術を製造／加工条件として明文化し，保管する体制
- ・営業，技術の両スタッフの連携による開発技術テーマのすり合せ体制
- ・技術営業スタッフの力量向上のための充実した研修プログラムの運用
- ・社長－現場スタッフ間の組織の向うべき方向性を一致させる全社的方針管理の導入，推進

図表4.28　阿波スピンドルにおける事業運営方法

(4) 持続的成功に向けたさらなる一手

　他社の例にもれず，阿波スピンドルも2008年の世界金融危機の波に飲まれ，業績に大きな打撃を受けた．その後，2009年を「第2の創業」と位置づけ，積極的な事業展開を行い，業績も持ち直してきている．2013年は円高ドル安であるため，同社にとっては追い風となっているが，業績が景気変動に大きく左右されてしまうこと自体が好ましいことではない．

　このような考えのもと，木村社長はグローバルに展開する自社内の生産性向上を常に社内の重要目標の一つとしてあげている．例えば，事業においては県外企業の事業を引き受けて，部品の安定供給や調達コストの削減をし，TQM活動では直接部門も間接部門も不良低減活動，改善活動を積極的に展開している．

　また，製品の引き合いから，受注，設計，開発，製造，納品までの製品情報，図面，製品リードタイム，不良率などのデータが管理できる数億円

規模の情報管理システムを3年前に導入した．引き合い情報を請求情報まで無駄な重複入力なしに利用し，一元管理ができることにより，計画が立てやすく，見積にも迅速に活かせるようになり，自社の生産性向上に大きく貢献しているという．導入時期が世界金融危機直後であり，どの企業も財政的に厳しい状況を考えると，誠に英断であったと思える．

さらに，繊維分野で培った高度な製造技術，加工技術を用いた用途開発を積極的に行い，繊維分野以外における新製品開発を通じて，高い付加価値を顧客に提供し続けるという．創業150周年の2018年の将来ビジョンにあげられていた「価値創造を進化させ続ける組織作り」に向かって着実に歩んでいると感じられた．

4.3.4　株式会社由紀精密

「20名弱の会社だが，研究開発型町工場と銘打って創業60年以上も続けている元気な会社がある」ということで，株式会社由紀精密の3代目で常務取締役でもある大坪正人氏をご紹介いただき，神奈川県茅ケ崎市にある会社に訪問した．本稿は，大坪常務とのインタビュー結果をまとめたものである．なお，大坪氏から数多くのエピソードもご紹介いただいため，それらも交えて説明する(『品質』，Vol.44, No.1, pp.65-69, 2014年)．

(1)　会社概要

株式会社由紀精密(以下，由紀精密)は1950年に設立され，ねじ屋から始まった創業63年の会社である．従業員20名，資本金2,000万円の中小企業であり，電気電子，電機機器部品，産業用機械部品，一般精密機械部品，医療機器，航空部品など，さまざまな産業の部品加工を行っている．なお，大坪氏は6年半インクス株式会社(以下，インクス)に勤め，その後2006年10月に父親が経営する由紀精密に入社して，現在に至っている．

バブル崩壊以前までは，売上のほぼ100％近くが電機業界向け(200社程度)であった．中でも，A電機向けのコネクター部品や公衆電話BOX関連部品が40～50％を占めていた．また，B社の測定機器部品やセンサー部品の受注も比較的コンスタントにあった．

しかしバブル崩壊以降は，電気電子部品は全売上の10%程度に落ち込み，企業存続の危機に陥ったという．電機業界に代わる顧客を模索した結果，航空宇宙産業や医療分野に活路を見出すこととなった．現在では，航空・宇宙・医療分野関連が売上の75%を占めている．いま世界中を飛んでいる旅客機に搭載される部品を数多く製造しており，中には由紀精密が100%のシェアを持っている部品も存在するという．また，これは電機業界向けの量産品の製造・販売方式から，少ロット多品種製造・販売方式へのビジネス形態の大きな転換をしていることも意味する．

(2) ビジネス環境

由紀精密は多くの産業分野向けの部品加工を行っているが，中でもコア事業の一つである「航空分野」に焦点を当てて，そのビジネス環境について概説する．

① 顧客市場環境

航空分野では，当然のことながら非常に厳しい精度を要する部品加工が要求される．また，いつ作られたどんな成分の材料を使用したか？　その材料をどういう工程で誰がいつ削ったか？　どういう測定方法をして測定器はいつ校正されたものを利用したか？　などの情報の徹底したトレーサビリティを，当該飛行機が引退するまで維持管理しなければならない．さらに，飛行機の部品発注数は自動車分野のそれとは3桁以上も異なり，多くても年間数千個程度しかなく，そのための専用設備を用意できる余裕はない．そのため，汎用的な機械を使って，頻繁に段取り替えを行う中で，いかに安いコストで製造できるかが問われるという．

しかし，一度採用されると10年間といったスパンで継続し，よほどのことがない限り顧客は調達先を変えない．これは，製造方法そのものを1度決めたら変えないという「工程凍結」の考え方があるからだという．

さらに，よく航空分野の部品は高付加価値品だから利益率も高いという誤解が多いようだが少し違う．確かに，部品1点での単価は他の分野に比べて少し高いかもしれないが，各種情報の高いトレーサビリティを確保し，全数検査が基本的に求められ，JIS Q 9100の航空宇宙セクターの品

質マネジメントシステム認証の取得・維持に多くの管理コストが上乗せされる．それでいて全体の注文ボリュームは多くないので，収益基盤は脆弱にならざるを得ない．

このために，当該分野で培った技術を同様な技術レベルが要求される他の特定の事業分野(宇宙・防衛関係，医療関係・自動車関係)へも展開し，収益基盤を強化しているという．

② 競合環境

読者の多くがご存じのように，世の中には数多くの精密加工メーカーが存在している．しかし，由紀精密は量産品・汎用品加工には手を出さず，高精密加工で不良を絶対に出さない信頼性が強く求められるニッチ市場に特化しており，その有望市場の一つとして「航空分野」をターゲットにした．したがって，莫大な量産としての市場があるアジア諸国ではなく，技術開発で先端を走っている北米，欧州市場を顧客ターゲットとして市場開拓を行っている．このような市場は，大手企業よりも小回りが利き，管理の行き届いた中小企業の由紀精機のほうが向いていると判断している．

さらに，少量の製品を高精度で作り出す(削り出す)ことにおいては，金型を用いた射出成型でも可能だが，切削加工はよりスピーディに安く作り上げることができるという．とりわけ，"人"という物理的対象を運ぶためにはセンサーや電子機器だけではダメで，高精度の金属機構部品が必ず必要となり，ここに切削加工という技術方式自体の強みを活かせるという．その意味でも「航空分野」は有望な市場なのだそうだ．

さらに，顧客市場環境でも述べたように，当該分野の特性上，安定した財務基盤を築くのが難しく，他の多くの競合企業が参入はするものの撤退してしまう主要な原因の一つでもあるという．

以上のことから，由紀精密のように当分野で事業展開をしている同規模レベルの競合他社がほぼ見当たらないということは，納得できる．

③ パートナーとの関係

由紀精密は切削加工に長年取り組んでいるが，それでも自社だけの技術で完成する部品は限られるという．顧客から依頼された仕事は断りたくないという一心で対応策を考えるうちに，自社にはない技術を持った多くの

会社と出会い，現在は50社を超える協力会社と連携している．

とりわけ，経営者同士のつながりも強いのがCmonoC(茅ヶ崎ものづくりサークル)という数名から20人規模の町工場7社の連携であり，各社が自ら取った注文を責任もって連携企業に協力を依頼する．単なる請負のようにも思えるが，互いの技術レベル，経営状況，仕事の込み具合を深く理解しているため，あたかも自社の別工場のような感覚で仕事を依頼できている．また，この連携で合同入社式も行っているという．

(3) 事業運営方法の読解

以上のビジネス環境を踏まえて，由紀精密の事業運営方法を次の4つの視点から考察していきたい．

① 製品・サービスを介した提供価値

大坪氏は入社してまず自社の強みを見つけようとしたそうだ．しかし，当初は「強み」が見当たらず，誰に聞いても明確な回答はなかったという．

そこで，顧客に対して「寸法精度は？」，「不良率は？」など細かい質問を設けてアンケートを取って分析した．その結果わかったのは次の「(A)頼まれた仕事は不良を出さず，しっかりと納期を守って納品してくれるという絶対の信頼性」だったという．

また，お客からの要求が徐々に高度になり，部品に対する改善提案だけでなく，次第に装置全体の設計・製作，商品開発まで広がっているという．そこでは，顧客からの「こんなものを作ってほしい」という依頼に対して，その場でどういう設計で，その納期，価格はだいたいどのぐらいになるかを提示できるようになってきており，「由紀精密は話が早いな」という印象になる．顧客から見れば「(B)適切な価格で高度な精度が要求される部品に関する設計・製作の提案をしてくれる」ことが，大きな価値だと認めてくれているようだ．

つまり，以下の2つが顧客が自社を評価している点であることがわかったのである．

> （A） 頼まれた仕事は不良を出さず，しっかりと納期を守って納品してくれるという絶対の信頼性
> （B） 適切な価格で高度な精度が要求される部品に関する設計・製作の提案をしてくれること

② 提供価値に重要な組織能力

　①の（A），（B）の顧客価値をどのように実現しているかを考察する．それは，次に示す3つの組織能力によるところが大きいと思われる．

　第1に，顧客価値の売り込み手段としての「1）営業力」があげられる．由紀精密には2種類のウェブサイトがある．一つは由紀精密がどんな会社かを知るためのサイト（http://www.yukiseimitsu.co.jp/index.html）と，もう一つは切削加工についてより詳しく説明するサイト（http://sessaku.net/）である．顧客はいつも由紀精密を知っているとは限らない．むしろ，知らないほうがよい．顧客が知りたいのは自分の希望を満たす技術を持っている調達先であり，その役割を担う後者のサイト「切削加工.net」は，グーグルで「切削加工」と検索するとほぼトップに表示されている．

　また，さまざまな航空ショーにも出展し，顧客タイプに合わせて知りたいことを個別にまとめた会社案内パンフレットも複数ある．

　また，「企業ロゴ」にもこだわっている．企業ロゴは，自社を視覚的にぱっと認識してもらえるシンボルであり，社員に対してもどんな特徴を持った会社かの明確なメッセージを込めたという．このロゴは，名刺，会社のプレゼン資料，ユニホーム，封筒，顧客へ配送する段ボールなどの至るところに印字してある．この「1）営業力」は（A），（B）の両方の価値提供に必要な組織能力となる．

　第2に，（A）の価値に対応した「2）品質管理力・トレーサビリティ力」である．これは，顧客市場環境で述べたように，汎用的な機械と頻繁な段取り替えを考慮した低コスト生産を，当該飛行機が引退するまでずっとキープする力である．さらに，万が一飛行機が故障・または何らかの不具合があった場合には，原因と想定されている部品の情報をすべて追跡でき

なければならない．そのためには他の業種・業態と比べて非常に高いトレーサビリティ力が要求される．

第3は，顧客への依頼に対してその場で的確な提案ができる「3) 技術提案力」であり，これは(B)の価値提供に必要な組織能力となる．

③ 組織能力発揮の基盤としての由紀精密固有の特徴

「1) 営業力」,「2) 品質管理力・トレーサビリティ力」,「3) 技術提案力」の各組織能力が発揮できている由紀精密固有の特徴を考察する．

第1の「1) 営業力」に関しては上述した「a.切削加工.net」というウェブサイト営業システムを有していることがあげられる．またもう一方の会社紹介のサイトの内容についても丁寧に作られており，その会社の「顔」,「雰囲気」がよく見えるという印象を受ける．

第2の「2) 品質管理力・トレーサビリティ力」については，以前の主要顧客が電機業界であったため，そこで交流の深い顧客から品質管理に関してよく鍛えられており，その「b.品質管理マインド」がすでに植えつけられていたようだ．これが「c. ISO 9001, JIS Q 9100の取得・維持にもつながっている．

また，社内のIT化プロジェクトの一環で大学からの協力のもと，受発注，生産管理．在庫管理，スケジューリングなどを一元管理できる，「d.使い勝手のよい基幹業務システム」を自社開発している．これにより，現場に多くある在庫材料を適切に管理できるようになっており，この取り組みは経産省主催の中小企業IT経営力大賞2012でも優秀賞を受賞している．

第3の「3) 技術提案力」に関しては，当然ながら「e.高度な切削加工技術力」に裏付けられているようだ．具体的に，インコネルなどの耐熱耐食超合金をはじめ，その他ニッケル合金，チタンなどの難削材を微細加工できる高い技術がある．その実力を分かりやすく示すために会社説明用ウェブサイトにインコネルメッシュというサンプルを載せている．平たく言えば，Φ12の棒材の体積を97.3%も削り，残りの2.7%の体積で複雑かつ精細なメッシュ状に加工したものだ．また，自社で開発した基幹業務システム内には三次元CAD／CAMのカスタマイズ機能が組み込まれており，部品加工中の測定結果を分析フィードバックして，超高精度の加工が

4.3 優良事例を読み解く

可能なシステムにもなっている．

最後に，これら3つの組織能力を発揮する共通の特徴として，「f. 自律性・挑戦することを促進する企業風土」が強くあるように思える．この点は，大坪氏へのインタビュー中に一番強く印象に残った点である．例えば，インコネルは加工が難しいだけに，その材料を使ってわざわざ微細で困難な形状を作ろうと思う設計者はいなかったという（図表4.29）．誰も目指さないので前例がない．だからこそ「ではやってみよう」と考え，作ってみたものは，ある大きな切削加工の全国大会で金賞を取った．

実際にある顧客から「こんなに細い形状はどこの加工屋でも断られてしまう」という声をいただいて依頼を受けたとき，さらにずっと細いものを作ってみたところ，そのサンプルは誰からも「そんなものは見たことがない」というものになった．

また，そもそも航空分野に参入すること自体が「挑戦的」である．参入すると決意したが，予想どおり簡単でなかった．しかし，一度決めたらあきらめない強い信念でまず2010年にJIS Q 9100の認証を取得した．並行してウェブサイトを刷新したところ，その効果なのか，あるメーカーから「調達先に苦労しているがやってみないか？」という1通のメールが届いた．形状はそれほど難しくない締結部品だったが，そこには「ひと癖ある」技術要素が含まれていたという．最初は何度チャレンジしても工具があっという間に摩耗してしまい，要求コスト内では到底作れなかった．しかし，数カ月をかけて実験，技術開発を行った結果，結果としてある一つの部品を受注することができた．この成功をきっかけに，航空機部品の受注が増えていったそうだ．

このエピソードから感じるのは，まさに由紀精密の「f. 自律性・挑戦することを促進する企業文化」である．

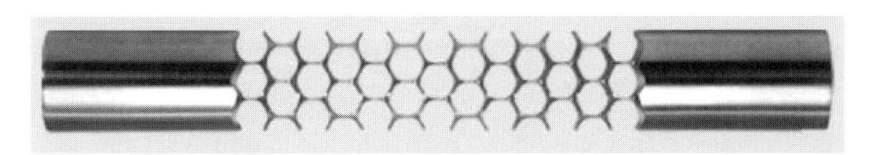

図表4.29　インコネルメッシュの加工例

④　組織能力を発揮するためのマネジメントシステム

「1) 営業力」については，実は由紀精密には「営業社員は1人もいない」．意図的にそうしている．しかし，これは決して営業を軽視しているのではなく，もっとも必要なのは会社の「情報発信力」であると考え，2種類のウェブサイトを作成したという．この24時間常に営業をやってくれるウェブサイトが大いに機能し，営業社員はゼロだが顧客からの問い合わせは劇的に増えている．しかし，当然それだけで仕事は取れないので，「3) 技術提案力」によって最終的に顧客からの信頼と受注を獲得していく，という流れのようだ．

「3) 技術提案力」を発揮するための仕組みとしては，単なる下請負部品製造会社からの脱皮を目指して，「開発部組織」を立ち上げた．その理由は，実際に由紀精密がものを作っていることであり，そこに開発機能を付加することで「作りやすい設計」を提案できるようになるという．

モノの作り方は多種多様だ．大坪氏は前職のインクスで樹脂金型の設計から製作，射出成型までの一連のプロセスを経験し，その知識を有していたため，「切削加工」との違い，メリットとデメリットを熟知している．このような多種多様な知識がないと顧客によい提案はできない．「開発部組織」は，これら知識を個人だけでなく組織知として確実に持っておくための仕掛けでもあるのだ．

また，実際に技術提案をするのはその仕事を担当する「人」である．通常，顧客の案件ごとのプロジェクトで仕事を進めることになるのだが，プロジェクト・リーダーに対して，「価格決定権など広範囲に渡って権限移譲」している．これはある意味で責任が重いが，同時にやる気，モチベーションにもつながっており，これによって優秀な人材が育っている．

社員は20名しかいないため，一人ひとりのパフォーマンスが会社全体に与える影響も大きいのだろう．その社員一人ひとりの意識，モチベーション維持，向上のため，「毎週月曜日の朝に全員ミーティングを開催し，そこで経営者自らがその意思や目指すべき方向を説明し，それを達成する際の個々の社員の重要性を示している」．そして，会社の成長に合わせて，社員個人の成果を連動させているという．これによって，マネージャーや

中間層の社員から経営感覚のある意見提案も生まれている.

中小企業によい人材が集まらないという言葉をよく聞くが,大坪氏は「中小企業は大企業に比べて,給料は安い,自慢できるオフィスもない,労働環境は町工場レベル.それでも優秀な人材が集まるのは自分が会社を変えられるというモチベーションを与えることが一番」という.「小手先の人材募集や採用方法の改善でなく,そのよい人材から見て魅力的な会社になることが大切だ」と大坪氏はいう.実に的を射た意見だと感じた.

最後に,実際に注文を獲得し,不良を絶対に出さないための組織能力が最後の「2)品質管理力・トレーサビリティ力」である.これを支える仕組みの構築は,「2008年のISO 9001取得,2010年のJIS Q 9100取得」によって担保されているといってよいだろう.一般的に,研究開発型企業は標準化や品質管理などを軽視しがちな傾向があると考えられがちだが,由紀精密では作業手順書やマニュアル作成し,適切に管理し,それに従って作業

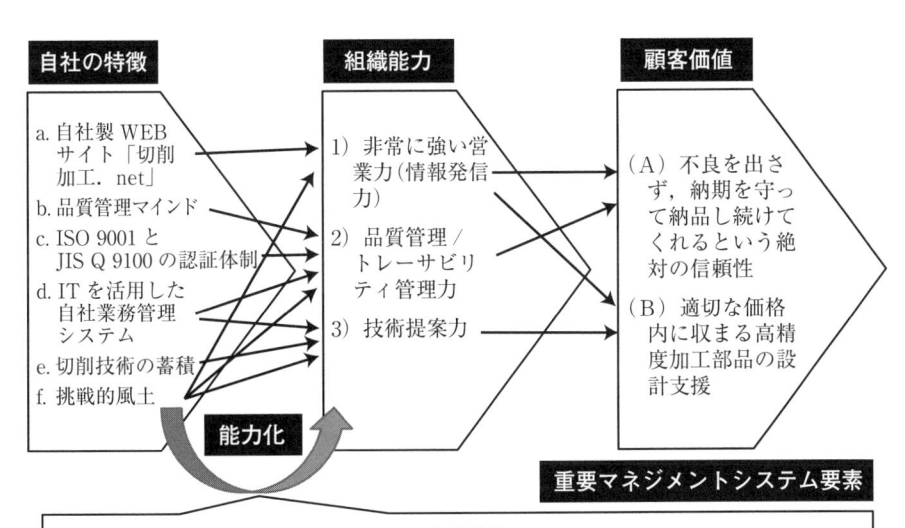

自社の特徴
a. 自社製WEBサイト「切削加工.net」
b. 品質管理マインド
c. ISO 9001とJIS Q 9100の認証体制
d. ITを活用した自社業務管理システム
e. 切削技術の蓄積
f. 挑戦的風土

能力化 →

組織能力
1) 非常に強い営業力(情報発信力)
2) 品質管理/トレーサビリティ管理力
3) 技術提案力

顧客価値
(A) 不良を出さず,納期を守って納品し続けてくれるという絶対の信頼性
(B) 適切な価格内に収まる高精度加工部品の設計支援

重要マネジメントシステム要素
・営業社員0名の代わりにWEBによる自動営業システム
・開発部組織の立ち上げによる,作りやすい設計提案のための技術開発体制
・現場への大幅な権限移譲,定期的な全員ミーティング,会社との業績連動評価による,従業員のモチベーション向上の仕掛け
・ISO 9001, JIS Q 9100認証取得,維持による品質保証体制,トレーサビリティ管理体制の推進

図表4.30　由紀精密における事業運営方法

することにまったく抵抗感がないようである．これは，以前から培った品質管理マインドや，自社開発した基幹業務システムの運営だけでなく，挑戦的な企業風土があったからに他ならないと考えられる．

以上の①〜④の話をまとめると，図表 4.30 のようになる．

(4) 持続的成功に向けたさらなる一手

「中小企業の経営はジェットコースターに乗っているようだといわれるが，私は苦手だ」と大坪氏はいう．自分の足で走り，その速度をしっかりコントロールできるようにすることに強く留意して経営してきた．そのため，電機業界が主だった顧客先を航空，宇宙，医療，自動車開発などと幅広く展開してきており，その成果は売上として着実に増加してきている．

しかし当初は，このようなリスク分散の対策も，慣れない仕事へシフトすることによる稼働率の低下，増える顧客の管理コストの増大，利益率の低下など，忙しい割に売り上げが上がらないというデメリットの方が先に表れたという．今では，会社の体制も新しい分野に適したものになってきており，導入する設備は従来の量産品向けよりも，単品で難しいものの加工に向いたものへとシフトさせているようだ．

また，会社が成長していく際に常に頭を悩ませているのが「会社の規模」であるという．いかに社員 20 名の少数精鋭であったとしても，組織全体の多様性，対応の幅の広さには限界がある．だからといって，社員を多めに雇用する余裕は中小企業にはない．ある時点で受注している額はおよそ 1 カ月分の売上しかないという不安定なビジネスであり，自動車部品業界のそれとは大きく異なる．最近は，20〜30 人規模が組織としての運営ができて，それでいて小回りが利いてさまざまなビジネス環境変化を乗り越えるのにちょうどよいサイズだと考えており，海外でも同じようなビジネスモデルで事業を展開したいとのことだ．

そのときの合言葉は「過去を捨て新しくするのではなく，過去の技術を発展させ，時代に適合させる．チェンジではなくアダプトだ」という．まさにそのとおりだ．

4.4 真・品質経営のための QMS 設計へ

　本書では，組織が自らの QMS を評価・改善するにあたり，あらかじめ誰かが準備・提示した QMS モデルや業界のベストプラクティスを基準にして自らの組織の QMS を点検し，例えば 1000 点満点で評価・改善する方法は推奨してこなかった．自組織のあるべき QMS 像を自律的・自治的に明らかにし，それに照らし合わせて自組織の QMS を改善・革新することが重要であると強調してきた．

　自律的・自治的な QMS 設計に重要な概念が「顧客価値」，「競争優位要因」，「自組織の特徴」の 3 つである．自社の QMS の目的は，自らの特徴を活かして競争上の決め手となる競争優位要因を発揮・能力化し，提供する顧客価値を最大化することにある．その実践のための基本フレームワークを図表 4.31 に示す．

4.4.1　ステップ 1：現状の組織能力像の可視化

　最初に実施すべきことは，現在の事業環境において，どの顧客に対してどのような価値を提供していて，その価値提供において最も重要となる組織能力を発揮する手段として，効率的かつ効果的に設計され，運用されているかをチェックすることである．これが図表 4.31 中の「ステップ 1：組織能力像の可視化」である．

　多くの経営者は，現状の把握より，目の前に差し迫っているビジネス上のさまざまな脅威や機会に対してどう対応すればよいか，つまり，図表 4.31 の「ステップ 3：環境変化に対応する新たな組織能力の構想」に関心があるかもしれない．しかし，将来の事業環境変化に適切に対応するためにも，現状の適切な認識が最も重要である．

　適切な現状認識とは，ターゲットとしている顧客が誰で，どのような価値を感じているから製品・サービスを購入し続けているのか，あるいは取引きを続けるのか，そのための重要な組織能力は何であり，能力発揮の源泉となっている自社の特徴は何であるのかを理解することである．

　もちろん，対象事業で独り勝ちをしている場合はその成功理由として，

第4章 事例に見る真・品質経営の実像

```
ステップ1            →
組織能力像の
可視化
    ↓
    ステップ2         →         ステップ4
    組織能力像の                  QMSの実装
    強化
        ↓
        ステップ3     →
        環境変化に
        対応する新た
        な組織能力像
        の構想
```

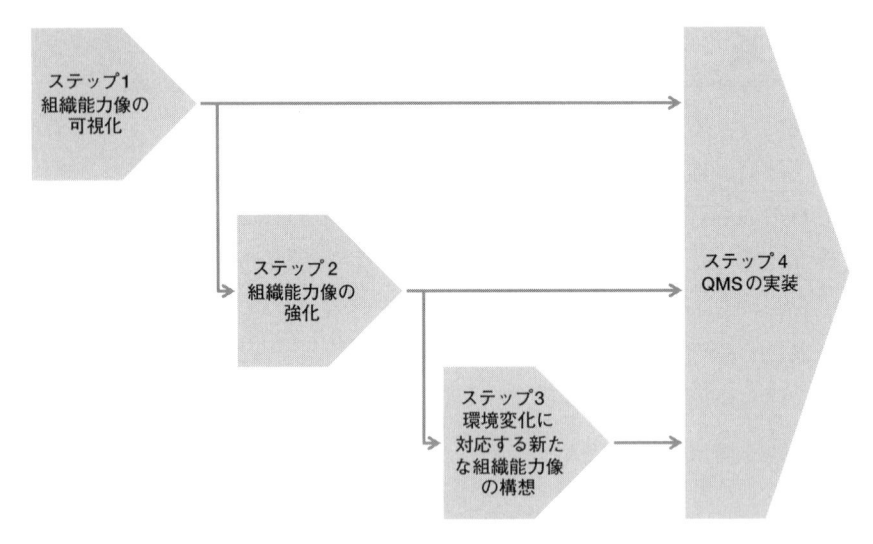

図表4.31　持続的成功を実現するQMS設計のための4ステップ

そして逆に市場シェアが低い場合にはその失敗理由として理解する．いずれの場合であっても，このような現状認識を前提とした上で，これから起こり得る将来の変化に対して，自社がどのように対応をすれば事業を成功に導けるのかに関わる有益な知見を得ることができる．

実は，4.2節の事例は，このステップ1に相当する分析を経営者に対する著者のインタビューと誘導によって行ったものである．これにより，実際にどのように実践すればよいかのイメージをつかんでほしい．

4.4.2　ステップ4：QMSの実装

現状の組織能力像の可視化の次のステップは2通りあり得る．

1つは「ステップ4：QMSの実装」である．すなわち，現行のターゲット顧客に対する「顧客価値」の提供に必要な「組織能力」を，「自社の特徴」を効果的に活かすようなQMSになっているか，というチェックである．

対象事業で大きな市場シェアを獲得している企業にとっては，可視化したQMSの目的に焦点を絞って自社の経営資源や組織の運用体制をより効

果的なものに変更し，「スリム化」することによってさらなる成功を導ける可能性がある．一方で，市場シェアが低い企業においても，競争の勝敗を左右する組織能力を従来以上に発揮し，競争優位性を獲得することができれば，市場シェアを向上させることも期待できる．

4.4.3　ステップ2：組織能力像の強化

　もし，現在の「顧客価値」と「競争優位要因」が対象事業において的確に認識されておらず，多少なりとも変更・修正が必要と思われた場合には，もう1つの行先である「ステップ2：組織能力像の強化」に進むのがよい．

　「ステップ1：組織能力像の可視化分析」を終えた段階で，自組織の組織能力像を初めて明確に認識した企業もあれば，無意識にそう認識していたが改めて考えてみれば，いろいろと粗が見えてさらに強化できる部分を自覚できた企業もあるだろう．

　例えば，現在取引きをしている顧客のすべては，自社が提供している「顧客価値」を価値として認識してくれる顧客なのだろうか．また，いまの「顧客価値」をより評価してくれそうで，いま直接的な取引きのない顧客がいないだろうか．競争の決め手となっている重要な組織能力に対して，自社の特徴をうまく活用しているだろうか．ほかに活用すべき特徴はないだろうか．一握りの熟練社員に頼っていても，現在は問題ないかもしれない．しかし，5年後に熟練社員が退職したあとでもその組織能力をずっと発揮できる保証はあるのだろうか．

　「ステップ1：組織能力像の可視化」によって適切な現状把握ができれば，このような気づきや疑問を抱く経営者が多く出てくるだろう．それらに応えるための分析が「ステップ2：組織能力像の強化」である．

　4.3節の事例は，紆余曲折を経て，ステップ1とステップ2を実施してみた例である．

　「ステップ2：組織能力像の強化」の後の行先も2つある．一つは「ステップ4：QMSの実装」である．すなわち，現在の事業環境により適した「顧客価値」，「競争優位要因」，活用すべき「自社の特徴」に改良して，

これらを日常的に発揮するための QMS を設計することである．

4.4.4　ステップ3：変化に対応する新たな組織能力の構想

　ステップ2のもう1つの行先は「ステップ3：環境変化に対応する新たな組織能力の構想」である．その名のとおり，ステップ1，ステップ2が現行の事業環境下での分析であるのに対し，ステップ3は将来の事業環境，すなわち事業環境の変化を把握し，その変化を踏まえ，持続的成功のために自組織が有すべき組織能力像を明確にすることが目的となる．

　事業環境の変化を多面的に分析し，自社の強み，特徴の中で活かせるものが何であるかを探し，互いの相性を評価することが必要となるので，他のステップに比べて「試行錯誤的」であり，分析が難しくなるだろう．ここでは，自社を取り巻く顧客ニーズの変化，競合の将来戦略及び新規参入状況，技術革新及びそのトレンド，パートナーとの関係の変化などの事業構造変化を把握し，自社の強み，特徴を活かせるような新たな「顧客価値」の提供と，その提供に必要な「競争優位要因」の特定が必要となる．

　ステップ3を終えた後は，当然「ステップ4：QMS の実装」となる．すなわち，将来の事業環境変化に対応できる QMS を今のうちから構築し，備えておくということである．

　なお，将来どのようなことが起こり得るかを正確に予測できればそれに越したことはないが，多少不明確であっても分析を進めるべきである．変化のシナリオは複数あり得る．そのような複数の変化シナリオが起こることで，QMS としてどのような形態に変えるべきかを幅広く考察しておくこと自体に意味がある．これは自社を取り巻く外部環境の変化に対する察知力を高めることにもなる．

　当初想定した変化と異なる変化が現実になったとして，誰よりもそれにそれ早く気づくことができて，備えによって迅速に対応できるようになる．つまり，組織としての「変化への対応能力」を高められる．

4.4.5　再びステップ4：QMS の実装

　ステップ1～3によって，いずれにしても組織能力像が明確になるの

で，それをQMSに確実に落とし込むための分析が，最後の「ステップ4：QMSの実装」となる．ここでは，自社の特徴を活かしたあるべきQMSの設計図が作られ，それにもとづき自組織のQMSを改善，革新するための活動計画がアウトプットとして出されることになる．

　組織はこのアウトプットの活動計画に基づいて実行することで，持続的成功を導くQMSを設計できることになる．具体的には，組織能力像を発揮するために重要となるQMS要素群と，その各QMS要素が有すべき属性・状況を特定し，それらを現行のQMSと比較してギャップを把握し，ギャップを埋めるための対策を考案することになる．

　以上4つのステップの適用の基本的なルートは，ステップ1⇒ステップ2⇒ステップ3⇒ステップ4であるが，分析の時点で現行の経営環境が大きく変化していることが明確である場合はステップ2を省略してもよい．また，ステップ2からステップ4に直接移り，時期を見てステップ3からステップ4へのルートを通ってもよい．

　いずれにしても，大切なことはステップ3の検討を必ずやることである．ステップ3を通らず，ステップ1⇒ステップ2⇒ステップ4のサイクルを繰り返すこともできるが，これではその時点での「成功」は得られたとしても，将来における「成功」は保証されないだろう．そして，その後は常に自社を取り巻く経営環境をウォッチし，必要に応じてステップ2⇒ステップ4，ステップ3→ステップ4という形で継続的に進めていくことで，事業の成功を「持続的」なものにすることが可能となる．

参考文献

第 1 章
[1] LED 照明推進協議会：「白色 LED の技術ロードマップ」，*JLEDS Technical Report*，Vol.2，2008 年．
[2] 飯塚悦功：「ネオダマ時代のソフトウェア品質管理を考える」，『品質』，Vol.26，No.1，pp.6-9，1996 年．
[3] 飯塚悦功：「21 世紀わが国のソフトウェア品質を考える」，『品質管理』，Vol.51，No.12，pp.1071-1076，2000 年．
[4] 飯塚悦功：『Q-Japan　よみがえれ，品質立国日本』，日本規格協会，2008 年．

第 2 章
[1] 飯塚悦功，丸山昇，慈道順一：『超 ISO 企業』，日科技連出版社，2003 年．
[2] 飯塚悦功：『ISO を超える』，日本規格協会，2005 年．
[3] 日本工業規格：『JIS Q 9005：2005　質マネジメントシステム－持続可能な成長の指針』，日本規格協会，2005 年．
[4] 日本工業規格：『JIS Q 9006：2005　質マネジメントシステム－自己評価の指針』，日本規格協会，2005 年．
[5] 飯塚悦功監修，JIS Q 9005／9006 ガイド編集委員会編著：『持続可能な成長を実現する質マネジメントシステム』，日本規格協会，2006 年．
[6] 飯塚悦功監修，超 ISO 企業研究会編著：『ISO から TQM 総合質経営へ－ ISO からの成長モデル』，日本規格協会，2007 年．
[7] 飯塚悦功：『Q-Japan　よみがえれ，品質立国日本』，日本規格協会，2008 年．
[8] 飯塚悦功：『現代品質管理総論』，朝倉書店，2009 年．
[9] 飯塚悦功，金子雅明他：連載「持続的成功のための顧客価値提供マネジメント」第 1 回－第 10 回，『標準化と品質管理』，Vol.64，No.6-Vol.65，No.3，2011 － 2012 年．
[10] 飯塚悦功：『品質管理特別講義－運営編』，日科技連出版社，2013 年．
[11] 日本工業規格：『JIS Q 9005：2014　品質マネジメントシステム－持続的成功の指針』，2014 年（発行予定）．

第 3 章
[1] 日本工業規格：『JIS Q 9005：2014　品質マネジメントシステム－持続的成功の指針』，2014 年（発行予定）．

第 4 章
[1] 金子雅明：「株式会社ツガワにおける変化の時代の生き残り戦略」，『品質』，Vol.43，No.3，pp.34 － 38，2013 年．
[2] 金子雅明：「創業 150 周年に向けた，阿波スピンドル株式会社の変化の時代における事業マネジメント」，『品質』，Vol.43，No.4，pp.34 － 38，2013 年．
[3] 金子雅明：「株式会社由紀精密における変化の時代の価値提供マネジメント」，『品質』，Vol.44，No.1，pp.65 － 69，2014 年．

索　引

【数字・A-Z】
3C　　93
5S　　56, 70
BSC　　73
EMS　　166
ISO 9000　　93
ISO 9001　　93
ISO 9004　　93
JIS Q 9001　　93
JIS Q 9004　　94
JIS Q 9005　　94, 111, 132, 191
LED　　17
MID 世界競争力ランキング　　88
MOOC　　71
OCW　　71
OEM　　59
QC 工程表　　55, 83
QMS　　100, 112, 116, 117, 118
　　──概念モデル　　111
SIS　　36
TPO　　70
TQC　　1, 93
TQM　　1, 93
　　──奨励賞　　177

【あ行】
あるべき姿　　48, 54, 161
インフラストラクチャー　　125

鋭敏な感覚　　92
エンドユーザー　　62, 63

【か行】
カーライフ　　15
改善　　128
開発　　121
外部環境　　114
外部要因　　113
学習能力　　91
革新　　81, 129, 130
可視化　　101, 102, 199
カスタマーイン　　89
価値　　7, 10, 99
　　──創造活動　　114
　　──提供　　12, 114
　　──の競い合い　　11
監視　　126, 127
感動　　6
管理機能　　147
キーパーソン　　154, 156
企画　　120
企業ロゴ　　193
基準　　56, 57
期待　　115
ギャップ　　146, 151, 152, 153
　　──を埋める　　58
競争　　11

──優位　92, 138
　──優位性　10
　──優位要因　37, 48, 139, 150
　──力　48
勤勉　49
グローバル化　36
経営　98
　──インフラ　89
形骸化　56
継続的改善　80
契約　49
研究開発　120
検査　122
研修制度　187
現状とのギャップ　54
コア技術　29, 41, 147
コアコンピタンス　39, 92
航空分野　190
高信頼性　38
工程凍結　190
行動原理　109
購買　121
　──決定者　22, 24
顧客　7, 114
　──価値　7, 50, 52, 60, 63, 65, 66, 84, 131, 138, 140, 157, 176, 188, 197
　──価値提供　102, 103
　──価値提供能力　139
　──価値提供の基盤確立　107
　──価値提供マネジメント　97
　──価値の評価　160
　──構造　62
　──支援　123
　──志向　108, 109
　──像　7
　──中心　109
　──の変化　75
　──満足　98
　──リスト　160
国際競争力　36
個人の能力　91
こだわり　49
小回り性　52
コンベア・ロット生産方式　65
根本的特徴　10

【さ行】

サービス品質　98
最終顧客　22, 24
財務資源　126
サプライチェーン　20, 21
シーマ現象　61
事業　102, 103
　──運営体制　105
　──化　103
　──環境　114, 125
　──事業構造　16, 17, 99, 101, 159
　──シナリオ　9, 61, 149, 157, 159
　──収益性　37, 45
仕組み　55
試験　122
自己評価　129, 130
自己変革　109, 110
自社の特徴　143, 176, 188, 197
市場規模　19

索　引

システム化　50, 61, 63, 66, 99
システム志向　98, 109
持続的顧客価値提供マネジメント　85
持続的成功　96, 109, 112
失敗　58
遮蔽性　14
重要性　32, 33
重要マネジメントシステム要素　176, 188, 197
商談ロールプレーイング　186
使用頻度　57
自律型精神構造の確立　107
真・品質経営　133
新・品質の時代　89
人材　92
人財　92
ストック型ソフト経営リソース　90
成功　8, 58
　——への道　61
成熟経済社会　89, 90, 106
製品・サービス実現　119, 121
製品競争力　91
設計　121
セル生産方式　65
全数選別　56
戦略　32
　——的レビュー　129, 130
総合的品質管理　1
創造的魅力商品　38
測定　126, 127
組織運用体制　143
組織学習　79
組織能力　140, 143, 176, 188, 197
　——像　99, 146

——像の認識　107
組織の競争力　11
組織の存在意義　131
組織の能力　91
組織の人々　123
組織の問題　73
ソフトウェア検証事業　29

【た行】

ターゲット顧客　73
大学教育機関　71
縦の分業　25
多様化　36
縮み思考　49
知的資源　124
中核能力　92
中小企業IT経営力大賞　194
通路区画線　57
強さ　37
提供価値　74
デザイン力　68
徹底　49
デミング賞　93
特徴　50, 52, 60, 63, 65, 66, 99, 157
特許　141
ドメイン知識　79

【な行】

内部監査　129
ニーズ　115
日本経営品質賞　93
日本人の競争優位要因　48
ネオダマ　35, 77

209

値付け　46
能力　50, 36, 44, 52, 60, 63, 65, 66, 99, 157
　——化　176, 188, 197
　——のシステム化　50, 52, 60, 63, 65, 66

【は行】
パートナー　103, 124
　——の力　70
バランスト・スコア・カード　73
販売　122
引き渡し　123
必要能力　77
ひと　92, 108
　——中心　109
評価基準　63
病巣　46
品質　39, 86, 98, 99, 100
　——管理　1
　——管理システム　55
　——経営　98
　——のためのマネジメント　98
　——マネジメントシステム　93, 98
　——立国日本　85, 86
ファブレスメーカー　25, 26
不良品を出さない　68
プロセス重視　98

プロセス面　50, 64
分析　126, 127
便益　6
変化　26, 36, 72, 100
　——への対応　107
方針管理　45

【ま行】
マーケティング　120
マルコム・ボルドリッジ国家品質賞　93
見える化　163
見直し　73, 76, 79

【や行】
融合する能力　91
有効性レビュー　129
輸出入比率　36
横の分業　25

【ら行】
利益　98
利害関係者　114
リスク　54
リソース面　50, 64
流通ルート　23
ルール　56
　——を守らせる仕掛け　57

【著者紹介】

飯塚悦功（いいづか　よしのり）　全体編集，1.3節，第2章　執筆担当

東京大学名誉教授．工学博士．
1947年生まれ．
1970年東京大学工学部卒業．1974年東京大学大学院修士課程修了．1997年東京大学教授．2013年退職．日本品質管理学会元会長．デミング賞審査委員会元委員長．日本経営品質委員．ISO/TC176前日本代表．JAB認定委員会前委員長．

主な著書に，『TQM 21世紀の総合質経営』（編著，日科技連出版社，1998年），『TQM 9000－ISO 9000とTQMの融合』（編著，日科技連出版社，1999年），『超ISO企業』（編著，日科技連出版社，2003年），『ISOを超える』（日本規格協会，2005年），『Q-Japan－よみがえれ，品質立国日本』（日本規格協会，2008年），『日本のものづくり2.0 進化する現場力』（共著，日本経済新聞出版社，2008年），『現代品質管理総論』（朝倉書店，2009年），『原因分析』（共著，日科技連出版社，2012年），『品質管理特別講義－基礎編』，『品質管理特別講義－運営編』（日科技連出版社，2013年）などがある．

2006年度デミング賞本賞，2011年ASQ Freund-Marquardt Medal，1996年，98年，99年，2002年，03年，06年，09年，12年日経品質管理文献賞，2012年工業標準化内閣総理大臣表彰．

金子雅明（かねこ　まさあき）　全体編集，1.5節，4.1節，4.3節，4.4節　執筆担当

1979年生まれ．
2007年早稲田大学理工学研究科経営システム工学専攻博士課程修了．2009年に博士（工学）を取得．2007年同大学創造理工学部経営システム工学科助手に就任．2010年青山学院大学理工学部経営システム工学科助手，2013年同大学同学部同学科助教を経て2014年より東海大学情報通信学部経営システム工学科専任講師（品質管理）に就任し，現在に至る．専門分野は品質管理・TQM，医療の質・安全保証，BCMS．

主な著書に『TR Q 0006「クォリティマネジメントシステム―自己評価の指針」活用ガイド』（共著，日本規格協会，2003年），『医療の質安全保証を実現する患者状態適応型パス 電子コンテンツ2008年版』（共著，日本規格協会，2009年），『ものづくりに役立つ統計的方法入門』（共著，日科技連出版社，2011年）がある．

著者紹介

住本　守（すみもと　まもる）　1.2節，第3章　執筆担当

1949年生まれ．
神戸市立工業高等専門学校電気工学科卒業．1969年から日本コロンビア株式会社勤務，1973年からソニー株式会社勤務，2005年から独立行政法人製品評価技術基盤機構認定センター非常勤技術顧問，2011年から客員調査員，現在に至る．
主な著書に，『持続可能な成長を実現する質マネジメントシステム—JIS Q 9005/9006ガイド　活用事例付き』（共著，日本規格協会，2006年），『超ISO企業シリーズ2 ISO 9001の基本概念と活用』（日本規格協会，2005年），『ISO 9001：2008 要求事項の解説』（共著，日本規格協会，2008年）がある．
工業標準化経済産業大臣表彰，日本品質管理学会品質管理推進功労賞．

山上裕司（やまがみ　ゆうじ）　1.1節　執筆担当

1962年生まれ．
上智大学外国語学部卒業．ハイテク商社やIT系米国ベンチャー企業，建設業などの業態を経験後，マネジメントシステムコンサルティングを提供する株式会社イノベイションを設立，現在に至る．
主な著書に，『中小企業に役立つ人と組織を活かすISO 9000—ISOへのヒューマンアプローチ』（日本規格協会，2007年），『持続可能な成長を実現する質マネジメントシステム—JIS Q 9005/9006ガイド　活用事例付き』（共著，日本規格協会，2006年）『ISOからTQM総合質経営へ—ISOからの成長モデル』（共著，日本規格協会，2007年），『競争優位の品質マネジメントシステム—TQM総合質経営に向けたセカンドステップ！』（共著，日本規格協会，2008年）
資格：QMS主任審査員，認証クリーンランゲージ・ファシリテータ

丸山　昇（まるやま　のぼる）　1.4節，4.2節　執筆担当

1947年東京に生まれる．
1977年ぺんてる株式会社に入社．同社吉川工場の生産技術室，QC担当室長，生産本部QC・TQC・IE担当次長，茨城工場の企画室次長などに従事．2002年に同社を退社し，アイソマネジメント研究所を設立．現在は，中小企業診断士，日本品質奨励賞審査委員，ISO 9001及びISO 14001主任審査員として，中小・中堅企業向けの経営／生産／品質管理を中心としたコンサルタントや，セミナー講師，審査活動などを行っている．
主な著書に，『超ISO企業』（共著，日科技連出版社，2003年），『超ISO企業実践シリーズ：コスト低減を実現したい』（日本規格協会，2005年），『超ISO企業実践シリーズ：QMSの効率を高めたい』（日本規格協会，2005年）などがある．

進化する品質経営
事業の持続的成功を目指して

2014年5月24日　第1刷発行
2020年2月18日　第2刷発行

著　者　飯塚　悦功　　金子　雅明
　　　　住本　守　　　山上　裕司
　　　　丸山　昇
発行人　戸羽　節文

検印省略

発行所　株式会社 日科技連出版社
〒151-0051　東京都渋谷区千駄ヶ谷5-15-5
　　　　　　DSビル
　　　　　　電　話　出版　03-5379-1244
　　　　　　　　　　営業　03-5379-1238

Printed in Japan　　　印刷・製本　河北印刷株式会社

© Yoshinori Iizuka et al. 2014　　ISBN 978-4-8171-9516-6
URL http://www.juse-p.co.jp/

本書の全部または一部を無断でコピー，スキャン，デジタル化などの複製をすることは著作権法上での例外を除き禁じられています．本書を代行業者等の第三者に依頼してスキャンやデジタル化することは，たとえ個人や家庭内での利用でも著作権法違反です．

品質管理特別講義 基礎編

飯塚悦功（東京大学名誉教授） 著　A5判　184頁

1970年代に一つの完成を見た日本の品質管理は，有力な経営手法と位置づけられ，品質立国日本を可能にした．時代の変化に応じた，品質管理に関わる方法論の開発などはこれからも必要だが，輝いていた時代の品質管理の概念と方法論を継承し，より広い範囲に適用することも，有効な方法である．

　本書は，品質管理を初めて学ぶ人だけでなく，ある程度知識がある人も，よく知っているはずなのに，「えっ，ホント？」と耳をそばだてたくなる，ちょっと意外なことをつぶやき，よくよく聞いてみると「なるほど，そうだったのかぁ」と納得できるような内容を，読み切り連載風に書いた，会話形式の「特別講義」である．

　登場人物は，品質管理の先生，新人の加藤君，品質担当役員の高橋さんである．本書はその「基礎編」で，品質や管理に関わる基本概念についての話題を取り上げた．

＜品質管理特別講義 基礎編の内容＞

第1話　人と組織を賢くする品質管理
第2話　「お客様は神様です！」かな？
第3話　「おつまみ」からの遙けき道―品質保証
第4話　管理強化大賛成
第5話　事実は小説よりも奇なり
第6話　クサイ臭いは元から断たねばダメ
第7話　標準化―知識の再利用
第8話　ひと中心経営

日科技連出版社
小社発刊の書籍はホームページにて紹介しております．　http://www.juse-p.co.jp/

品質管理特別講義 運営編

飯塚悦功（東京大学名誉教授） 著　　A5判　180頁

1970年代に一つの完成を見た日本の品質管理は，有力な経営手法と位置づけられ，品質立国日本を可能にした．時代の変化に応じた，品質管理に関わる方法論の開発などはこれからも必要だが，輝いていた時代の品質管理の概念と方法論を継承し，より広い範囲に適用することも，有効な方法である．

本書は，品質管理を初めて学ぶ人だけでなく，ある程度知識がある人も，よく知っているはずなのに，「えっ，ホント？」と耳をそばだてたくなる，ちょっと意外なことをつぶやき，よくよく聞いてみると「なるほど，そうだったのかぁ」と納得できるような内容を，読み切り連載風に書いた，会話形式の「特別講義」である．

本書は「基礎編」に続く第二弾，「運営編」で品質のための組織運営にかかわる方法論や工夫についての話題を取り上げた．

＜品質管理特別講義 運営編の内容＞

第1話　市場クレームを契機に成長する
第2話　こうすれば問題は発生しない
第3話　日常管理　標準化を基礎にPDCAを回す
第4話　方針管理　環境適応型全社一丸管理
第5話　トップ診断　トップ自らが現場の実態を診断
第6話　日本的品質管理の系譜
第7話　いま品質管理は何をすべきか　変化の時代を生きる
第8話　品質管理の再認識　顧客価値提供マネジメント

日科技連出版社
小社発刊の書籍はホームページにて紹介しております．　　http://www.juse-p.co.jp/